Fehmarn

HEIKE MECKELMANN

LIEBLINGSPLÄTZE

zum Entdecken

Fehmarn

HEIKE MECKELMANN

KULTUR

GMEINER

Sofern hier nicht erwähnt, stammen alle Bilder von der Autorin Heike Meckelmann: Christine Dietrich 182

Besuchen Sie uns im Internet:
www.gmeiner-verlag.de

© 2017 – Gmeiner-Verlag GmbH
Im Ehnried 5, 88605 Meßkirch
Telefon 07575/2095-0
info@gmeiner-verlag.de
Alle Rechte vorbehalten
2., aktualisierte Auflage 2019

Lektorat: Katja Ernst
Satz: Julia Franze
Bildbearbeitung/Umschlaggestaltung: Benjamin Arnold
unter Verwendung eines Fotos von © Markus Galiano / flickr.com
Kartendesign: Mirjam Hecht; The World of Maps (www.123vectormaps.com)
Druck: AZ Druck und Datentechnik GmbH, Kempten
Printed in Germany
ISBN 978-3-8392-2002-3

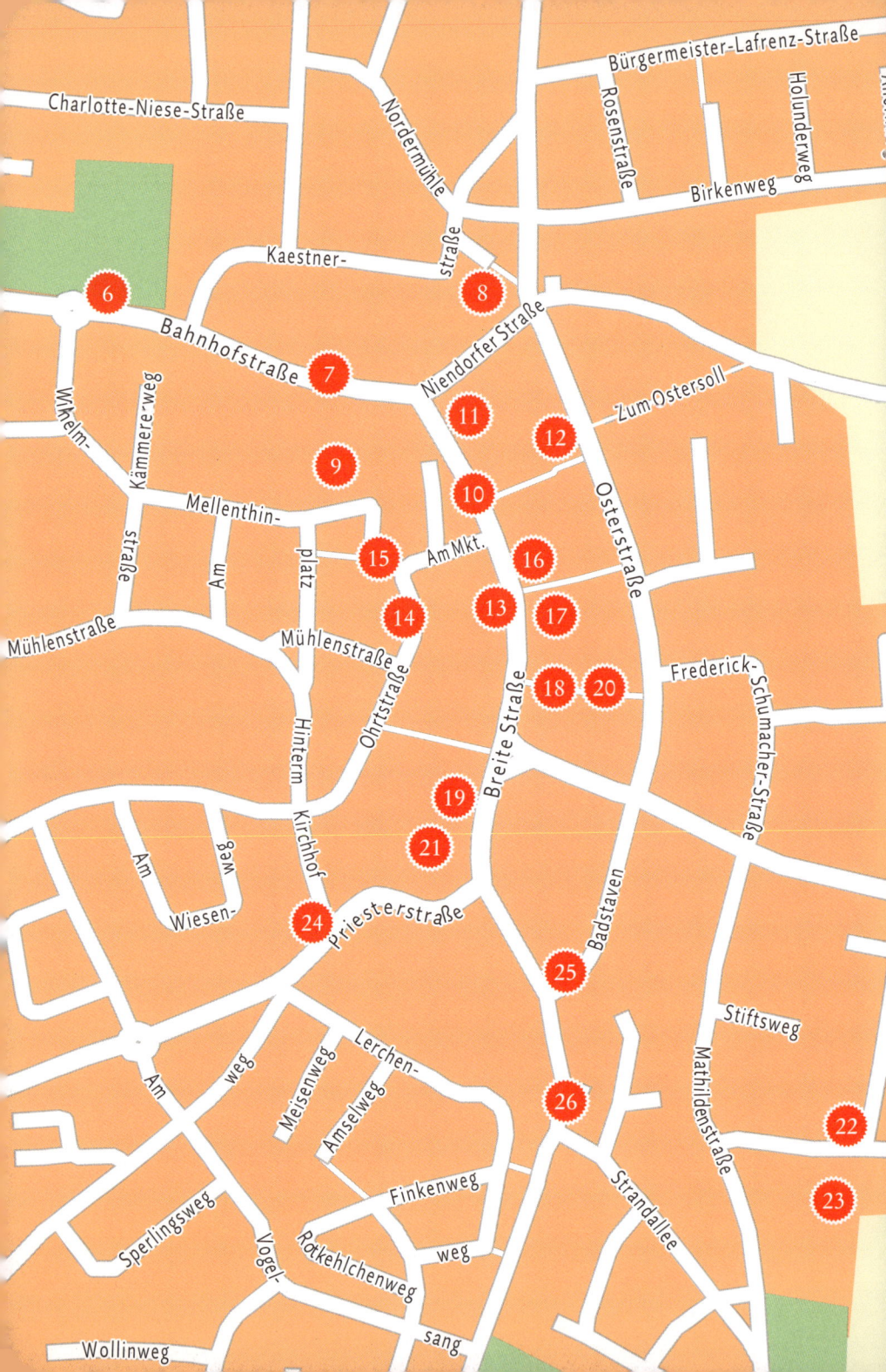

BLICK VOM FLÜGGER LEUCHTTURM AUF DIE OSTSEE

FEHMARNSUNDBRÜCKE /// AM FUSS VON STRUKKAMP/PARKPLATZ /// 23769 STRUKKAMP ///

WEITERE INFORMATIONEN ERHALTEN SIE BEI DER TOURISTINFORMATION FEHMARN /// ZUR STRANDPROMENADE 4 /// 23769 FEHMARN /// 0 43 71 / 50 63 00 /// ODER BAHNHOFSTRASSE 30 /// 23769 BURG /// 0 43 71 / 50 63 58 /// WWW.FEHMARN.DE /// 0 43 71 / 8 79 47 84 ///

KLEIDERBÜGEL UNTER DENKMALSCHUTZ
Die Fehmarnsundbrücke

Kurz hinter Heiligenhafen kommt sie erstmals in Sichtweite, die Fehmarnsundbrücke, wie sie erhaben über blauem Grund thront. Mit stolzen 963 Metern und zusätzlichen 337 Metern Rampenlänge überspannt die 1963 erbaute Netzwerkbogenbrücke den Fehmarnsund. Der »Kleiderbügel«, wie die Brücke von Einheimischen aufgrund ihrer Ähnlichkeit mit diesem Haushaltsgegenstand liebevoll genannt wird, ist eine kombinierte Straßen- und Eisenbahnbrücke. Am höchsten Punkt ragt die Stahlkonstruktion von der Fahrbahn gemessen 45 Meter hoch in den Himmel. Mit einer Breite von 240 Metern und einer Durchfahrtshöhe von 23 Metern bei durchschnittlichem Wasserstand bietet sie auch großen Schiffen die Möglichkeit, durch den Sund bis hin zum Belt zu fahren.

Um die Brücke hautnah zu erleben, nehmen Sie, wenn Sie Fehmarn erreichen, die erste Abfahrt rechts. Biegen Sie links Richtung Landkirchen ab, nach circa 100 Metern links Richtung Strukkamp. Folgen Sie der schmalen Straße, die zum Sund führt, bis zum Ende, wo Sie auf den Fuß der Fehmarnsundbrücke treffen. Von hier aus können Sie über eine Steintreppe bis zur Fahrbahn emporsteigen. Ein echtes Erlebnis.

Ein Kribbeln durchzieht meinen Körper, als beim Aufstieg ein ICE über mich hinwegrattert. Oben angekommen, gehe ich auf dem Fahrrad- und Fußgängerweg bis zur Mitte der Brücke, wo mich ein atemberaubender Blick über den Sund und den »Knust« erwartet. Diesen Spitznamen gaben die Fehmaraner ihrer Insel, weil sie Ähnlichkeit mit einem Brotkanten aufweist.

Auf der rechten Seite erblicke ich die Leuchttürme von Strukkamp und Flügge. Und zu meiner Linken den verträumten Hafen von Fehmarnsund. Da möchte man – trotz des Autoverkehrs auf der Brücke, den man jedoch bei *dem* Ausblick sofort vergisst – einfach nur stehen bleiben und die Aussicht genießen.

✍ Bevor Sie die Brücke mit dem Fahrrad überqueren, lohnt sich ein Ausflug ins angrenzende Großenbrode. Der kleine Ort besitzt eine schöne Promenade mit Restaurants und einladenden Geschäften.

EIN KANINCHENFISCH IN SCHILLERNDEN FARBEN IM
MEERESZENTRUM FEHMARN /// GERTRUDENTHALER STRASSE 12 ///
23769 BURG /// 0 43 71 / 44 16 /// WWW.MEGA-MEERESWELTEN.DE ///

MEHR MEER GEHT NICHT

Meereszentrum Fehmarn, Burg

Welch Farbenpracht! Schon im Eingangsbereich empfangen mich Aquarien mit bunten Fischen und wunderschönen Korallen in leuchtendem Gelb, Grün, Orange. »Mama, schau mal, Nemo«, ruft ein kleines Mädchen aufgeregt. Beeindruckend, die über 1.000 Meerestiere und Korallenfische, die in den 35 Schauaquarien zu bewundern sind. Da trifft man zum Beispiel auf Quallen, Seepferdchen, Krebse, Anemonen, Seesterne, Rotfeuerfische, Kugelfische und Muränen. Die im Meereszentrum gebotene Artenvielfalt ist einzigartig in Europa.

Folgen Sie dem Rundgang, um sich all die vielfältigen Spezies anzusehen. Je tiefer Sie ins Innere des Gebäudes gelangen, umso größer die Becken. Zuerst aber wandeln Sie durch einen Unterwassertunnel. Wow! Über Ihnen schwimmen in aller Ruhe Rochen hinweg. Es sieht aus, als würden sie fliegen. Ein dicker Zackenbarsch drückt sich an der Aquariumswand die Nase platt. Fast scheint es, als wäre er der neugierige Zuschauer.

Begeistert von den Eindrücken verlasse ich den Tunnel und gehe in den Raum, wo das zu finden ist, was es mir am meisten angetan hat: das riesige Haifischbecken. In rund drei Millionen Liter Wasser leben dort verschiedene Arten des wohl faszinierendsten und gleichzeitig am meisten gefürchteten Meeressäugers – dem Hai! Schwarzspitzenriffhaie sind hier zu sehen, außerdem Ammenhaie, ein Zitronenhai und zwei Sandtigerhaie. Letztere gleiten in stoischer Gelassenheit durchs Salzwasser und erscheinen mir eher ruhig und imposant als angsteinflößend. Gemächlich ziehen diese großen Haie ihre Runden, vorbei an den kleineren, wendigen Haiarten, vorbei an einem auf Grund liegenden Segelboot, das sich hervorragend als Unterschlupf für die Tiere in diesem Becken eignet. Fasziniert genieße ich diesen ungewöhnlich nahen Blick auf die beeindruckenden Meeresräuber.

🖉 15 Minuten mit dem Auto entfernt, in 23775 Klaustorf, liegt die Ostsee Erlebniswelt, wo Ihnen die Tier- und Pflanzenwelt sowie die Geschichte der Ostsee nähergebracht werden. www.mega-meereswelten.de

WO 1.000 FLÜGEL SCHLAGEN

Schmetterlingspark Fehmarn, Burg

Es ist, als würde ich gegen eine Wand laufen, als ich die 900 Quadratmeter große Freiflughalle voll warmer Tropenluft betrete. Nach einer kurzen Eingewöhnungszeit empfinde ich es jedoch als angenehm und freue mich auf die rund 40 verschiedenen Arten an Faltern. Rund 100 Tiere fliegen, nein schweben, über meinem Kopf umher. Doch nicht nur Schmetterlinge verleihen dem Raum einzigartige Farbenpracht. Auch auf dem Boden ist allerhand los. Wenn Sie Glück haben, läuft Ihnen ein Leguan vor die Füße. Das passiert mir gerade. Direkt hinter der Echse befindet sich ein Teich mit zum Teil sehr großen Koi-Karpfen. In den Feuchtgebieten der Halle gibt es außerdem Wasserschildkröten zu beobachten.

Über eine Holzbrücke spaziere ich durch den südseeähnlichen Park, der von Palmen, Bananenstauden, Feigen- und Olivenbäumen, von denen der älteste circa 180 Jahre alt sein soll, eingerahmt wird. Überall sitzen und flattern Falter mit ihren farbenprächtigen Flügeln herum. Ich kann mich kaum sattsehen an all der Schönheit.

Während ich die Schmetterlinge betrachte, bedaure ich, dass ich keinen der Falter kenne. Die fehlenden Informationen erhalte ich jedoch von gut sichtbar angebrachten Tafeln. Am meisten gefallen mir die Mosaikfalter und der Schmetterling Rotes Ordensband, der sich mit seiner perfekten Tarnung optisch der Baumrinde anpasst und bei sich nähernden Feinden blitzartig seine roten Hinterflügel öffnet, was die Angreifer erschreckt und dem Falter die Möglichkeit gibt zu flüchten. Dann der imposante Atlas-Seidenspinner, der mit einer beachtlichen Flügelspanne von circa 30 Zentimetern der wohl Größte seiner Art ist. Was ein wenig traurig stimmt, ist die Tatsache, dass dieser Schmetterling nur ungefähr fünf bis 14 Tage alt wird, weil er sich aufgrund verkümmerter Beißwerkzeuge nicht selbst ernähren kann.

🦋 In der Aufzuchtstation verwandeln sich die hauptsächlich aus Südamerika, Südostasien und Afrika stammenden Puppen zu wunderschönen Schmetterlingen, die später ihr Zuhause in der Freiflughalle finden.

SUCHEN, UNTERSUCHEN, EXPERIMENTIEREN

Galileo-Wissenswelt, Burg

Nicht zu übersehen ist die orange leuchtende Außenfassade der Galileo-Wissenswelt ebenso wie die überdimensionalen Tierfiguren vor dem Eingang. Ich will wissen, was innen passiert. Das Gebäude ist unterteilt in zwei Bereiche: das Museum für Naturkunde und das Museum für Technik. Zuerst mache ich mich auf den Weg in den technischen Bereich. Wer sich für mathematische Puzzles oder mechanisches Rechnen interessiert, ist hier genau richtig. Räumliches Denken wird an manchen Stationen gefordert, während an anderen optische Täuschungen versuchen, uns in die Irre zu führen. Das Hologramm eines Astronauten hält mir eine Getränkedose entgegen. Es sieht dermaßen realistisch aus, dass ich die Hand danach ausstrecke.

Wie funktioniert elektrisches Licht? Nun weiß ich Bescheid. Wenn Sie das ebenfalls wissen wollen, dann ab in die Galileo-Wissenswelt. Aber halt! Zuerst führe ich Sie noch auf die andere Seite des Museums, in den Bereich für Naturkunde. Die Entwicklung vom Urknall bis zum modernen Menschen ist wirklich nicht in ein paar Minuten abgehandelt. Die Evolution der Tierwelt, Eiszeiten, Vulkanausbrüche und Erdbeben, nichts wird ausgelassen auf der Reise durch die Zeit und die Geologie. Die Skelettmodelle verschiedenster Saurierarten beeindrucken mich am meisten.

Als ich die Evolution des Menschen anhand von mehreren Nachbildungen begutachte, wird mir wieder einmal klar, wie spannend es ist, diese Entwicklung in den vergangenen Jahrtausenden nachzuvollziehen. Und trotz der langen Zeit, die seither vergangen ist, stelle ich bei einem Steinzeitmenschen eine gewisse Ähnlichkeit mit jemandem fest, den ich kenne ... Quatsch! Eines weiß ich: Es war nicht das letzte Mal, dass ich der Galileo-Wissenswelt einen Besuch abgestattet habe. Was ist mit Ihnen?

✆ Besuchen Sie unbedingt die Außenstelle der Galileo-Wissenswelt in 23769 Burgstaaken: das Übersee-Museum mit Sammlungen zur Seefahrt, Völker- und Naturkunde. www.abenteuer-uebersee.de

DAS RUNDE MUSS GAR NICHT INS ECK

Soccergolf Fehmarn, Burg

Am Ortseingang von Burg liegt der Soccergolf-Platz von Fehmarn. Hier können sich Ballverrückte und Frischluftfreunde mit einer Mischung aus Fußball und Minigolf vergnügen. Der Platz, auf dem ich mich bewege, gleicht einem großen Feld. Nichts Außergewöhnliches bis dahin. Doch dann nähere ich mich den verschiedenen Hindernissen, die in einer Art Parcours aufgebaut sind. Es kribbelt in den Beinen und meine Lust, mit dem Ball loszulegen, ist gewaltig. Da liegt ein Baumstamm, dort steht ein Gatter. Ein kleiner Teich und siehe da, ein alter VW Käfer wartet mit offener Motorhaube auf einen perfekten Schuss.

Ich frage mich, ob es mir gelingen wird, den Ball geschickt um die Objekte herumzumanövrieren. Nach kurzer Einweisung kann ich endlich loslegen. Von wegen, das Runde muss ins Eckige. Ich begebe mich mit meinem Fußball auf den Parcours und versuche, die 18 Bahnen einigermaßen fehlerfrei zu absolvieren. Nach anfänglich unkontrollierten Schüssen ist es ein Riesenspaß, den Ball über und um Hindernisse herumzubolzen, um ihn mit möglichst wenig Versuchen im Ziel einzulochen. Als ich versuche, meinen Ball durch einen Treckerreifen zu schießen, merke ich, wie schwierig es ist, die nicht gerade kleine Öffnung zu treffen. Ähnlich wie beim klassischen Minigolf. Aber mein Ehrgeiz ist geweckt. Der Versuch, den Ball über eine Rampe durch ein Rohr zu leiten, gelingt mir dann auch beim ersten Schuss. Diese Mischung ist ein Heidenspaß für Familien und Gruppen, die einmal etwas anderes ausprobieren wollen. Auch für mich ist es mit Sicherheit nicht das letzte Mal, dass ich auf dem Soccergolf-Platz das Runde ins äh … Ein letzter Schuss in Richtung des VW mit seiner geöffneten Motorhaube, die mir wie ein großes Maul erscheint … Tor, Tor, Tor!

☞ Wer nicht genug vom Ballsport hat, kann sich beim Beachvolleyball am Südstrand von Burgtiefe austoben. Drei Felder, zwei in Höhe der Badewelt *FehMare* und eins an der Westmole, sind geboten.

ERNST-LUDWIG-KIRCHNER-HAUS
Ernst-Ludwig-Kirchner
1880 - 1938
Maler des Expressionismus

STADT
BÜCHER

E.-L.-KIRCHNER-DOKUMENTATION /// IM OBERGESCHOSS DER
BURGER STADTBÜCHEREI /// BAHNHOFSTRASSE 47 /// 23769 BURG ///
0 43 71 / 12 22 /// WWW.KIRCHNERVEREINFEHMARN.DE ///

IMPRESSIONISTISCHE SICHTWEISEN

E.-L.-Kirchner-Dokumentation, Burg

Ernst Ludwig Kirchner, einer der berühmtesten Maler des 20. Jahrhunderts, zog es zu Lebzeiten oft an die Ostsee, genauer gesagt nach Fehmarn. Hier hielt er sich vier Sommer lang auf – im Jahr 1908 und von 1912 bis 1914. Mehr als 120 seiner Ölbilder schuf er an verschiedenen Plätzen der Insel. Darüber hinaus erstellte er hier viele Zeichnungen, Skulpturen und Skizzen. 1908 wohnte er in Burgstaaken in der Villa Port Arthur, von 1912 bis 1914 im Leuchtturmwärterhäuschen der Familie Lüthmann in Staberhuk. Von dort aus zog er über die Insel auf der Suche nach geeigneten Motiven. Überwiegend arbeitete er an der Küste. Zwei meiner dabei entstandenen Lieblingsbilder sind der *Gutshof auf Fehmarn* und *Frau im weißen Kleid*.

Das Holz für seine Skulpturen fand Kirchner unter anderem im nahe der Küste gestrandeten Segelschiff Marie. Oft schwamm er hinaus, um sich Eichenbohlen des Schiffs zu besorgen. Ein sehr beliebtes Motiv Kirchners war der Leuchtturm Staberhuk, den er auf mehreren Bildern verewigte. Kein Wunder, wenn man bedenkt, dass er viele Sommermonate unweit des Leuchtturms verbrachte. Der Erste Weltkrieg beendete schließlich seine Aufenthalte auf Fehmarn. Ernst Ludwig Kirchner verließ die Insel für immer. Der berühmte Maler wählte im Jahr 1938 den Freitod.

Der Ernst-Ludwig-Kirchner-Verein trug dazu bei, dass bekannt wurde, wie wichtig die Zeit auf der Insel für die künstlerische Entwicklung des Malers war. Die E.-L.-Kirchner-Dokumentation, welche sich im Obergeschoss der Burger Stadtbücherei befindet, zeigt Reproduktionen von Kirchners Ölbildern, Aquarellen, Lithografien, Zeichnungen und Holzschnitten in Originalgröße sowie Fotografien von seinen Skulpturen und vom Künstler selbst, die während seiner Schaffenszeit auf Fehmarn entstanden.

✏ Folgen Sie dem Ernst-Ludwig-Kirchner-Weg, der ein Teilstück der Ostküstenpromenade ist und sich oberhalb der Steilküste befindet. Er beginnt an der Marinestation und endet in Katharinenhof.

CAFÉ LIEBEVOLL & KULTURLABOR /// **BAHNHOFSTRASSE 17** ///
23769 BURG /// **0 43 71 / 8 89 58 98** /// **WWW.KULTURLABOR.BIZ** ///

WO KUCHEN KULTUR TRIFFT
Café Liebevoll & Kulturlabor, Burg

Es war einmal … eine alteingesessene Bäckerei in der Bahnhofstraße. Nach deren Schließung gelang es dem heutigen Pächter Marco Eberle, einigen bekannt als Schauspieler aus Köln, die ehemalige Bäckerei Klahn in einen kulturellen Treffpunkt für Gäste und Künstler zu verwandeln. Gemütlich und mit Sicherheit kein Standardlokal.

Beim Betreten ist der Alltag sofort vergessen, und die Seele baumelt, noch bevor Sie sich gesetzt haben. Ein altes Plüschsofa an der Wand, umgeben von hübsch gedeckten Tischen. Alles erinnert an Großmutters gute alte Stube. Es riecht nach würzigem Kaffee, frisch aufgebrühtem Pfefferminztee und köstlichem Käsekuchen, der seinesgleichen sucht. Auch frühstücken können Sie hier: Wählen Sie aus einem Angebot von 14 ländertypischen Gerichten, zum Beispiel deutsch, britisch, französisch, amerikanisch, sizilianisch.

Aus den Boxen klingt leise Musik. Bücher, Kalender und CDs verschiedener Künstler auf Tischen und dem raumeinnehmenden Tresen sorgen für ein gemütliches Ambiente. Aber wo treten die Künstler in diesem kleinen Café auf? Des Rätsels Lösung ist schnell gefunden. Am Ende eines schmalen Ganges in dem hinteren Bereich befindet sich die alte Backstube, die Marco Eberle liebevoll zum Kulturtreffpunkt umgestaltete. Eine kleine Holzbühne, umringt von alten Kinostühlen, lädt zum Live-Event. Der Raum bietet Platz für circa 70 Personen. Erlebt werden können hier Lesungen, Comedy-Veranstaltungen und Musikabende.

Die Events haben Kultstatus, und man bleibt gerne länger sitzen, um den Worten und Gesängen verschiedener Künstler Auge und Ohr zu schenken. Wenn man das Café schließlich wieder verlässt, dann mit einem Lächeln im Gesicht.

☞ Probieren Sie den legendären Äthiopischen Kuchen. Und reservieren Sie einen Tisch, denn das Café ist stets gut besucht.

INSEL TÖPFEREI /// NIENDORFER STRASSE 12 /// 23769 BURG ///
0 43 71 / 67 75 ///

EINBLICK IN ALTE HANDWERKSKUNST

Insel Töpferei, Burg

Ein besonderer Platz der Insel befindet sich in einem der auffälligen Stadthäuser aus dem 18. Jahrhundert. Schon von außen ist es sehenswert, denn das 1783 gebaute Backsteingebäude ist ein erhaltungswürdiges Baudenkmal. Doch warten Sie ab, bis Sie sein Innenleben sehen. Die mit Ausstellungsstücken dekorierten Fenster ziehen den Betrachter unweigerlich hinein ins Haus, in dessen kleinen Räumen eine Kunsthandwerkstatt beheimatet ist.

Die Inhaberin – Christa L. Bänfer, Diplom-Designerin für Keramik – lebt hier ein altes Kunsthandwerk, das Töpfern. Sie stellt hochgebranntes Steinzeug sowie Erzeugnisse aus Porzellan her, teils künstlerische Unikate, und legt dabei Wert auf klare Formen und Funktionalität. Ihre Serien, bei denen man Einzelstücke nachkaufen kann, tragen Namen wie *Winter auf Fehmarn, Mondkinder, Unterwasserbäume* und *Tausend und eine Nacht*. Darunter befinden sich auch gleichermaßen hübsch anzusehende wie praktische Teekannen, die nicht tropfen. Geschmackvoll sind die Erzeugnisse der Insel Töpferei, teils zurückhaltend weiß, teils mit einfarbigem Muster, beispielsweise in Grün oder Blau, teils bunt und farbenfroh. Für jeden Geschmack und jede Stimmungslage ist etwas dabei.

Die Inspirationen zu ihrem Schaffen zieht Christa L. Bänfer aus dem besonders idyllischen Umfeld der Insel, welches sie immer wieder zu neuen künstlerischen Interpretationen anregt. Sie nimmt regelmäßig an Ausstellungen teil, auch auf der Insel Fehmarn, und ist stolze Trägerin des Richard-Bampi-Preises, mit dem künstlerisch hochbegabte, junge Keramiker bedacht und gefördert werden. Eine wundervolle Anerkennung für wundervolle handgefertigte Stücke.

Nur ein paar Häuser weiter, in der Niendorfer Straße 6, befindet sich das Asiarestaurant Thinh Lau. Sehr gut! Unbedingt dort essen gehen.

WOCHENMARKT AUF DEM MARKTPLATZ BURG /// IM ZENTRUM DER
BURGER ALTSTADT /// 23769 FEHMARN ///

ALLERLEI BUNTES TREIBEN
Burger Marktplatz

Eine Menge Veranstaltungen finden im Laufe des Jahres auf dem historischen Marktplatz mitten in der Altstadt Burg statt. Künstlerfeste, Johannimarkt, Weinfest, *Fehmarn sucht den Inselstar*, Handwerkermärkte, das legendäre Bikerfest und vieles mehr. Nicht zu vergessen der Wochenmarkt an jedem Mittwoch, mit reichlich Auswahl an frischem Obst und Gemüse sowie allerlei Nützlichem für Haushalt und Garten. Hier trifft man sich, hier plaudert man und erfährt den neuesten Klatsch der Insel.

Mein persönlicher Höhepunkt sind die *Days of American Bikes*, die Susanne Skerra, Besitzerin des Hotels Wisser's, seit Langem jährlich im August veranstaltet. Viele hundert coole Harleys mit ihren außergewöhnlichen Besitzern versammeln sich rund um den Marktplatz und lassen die Motoren röhren. Drei Tage lang können Sie die schweren Maschinen und ihre manchmal skurril gekleideten Fahrer bewundern.

Ein weiteres großes Event sind die seit 2014 veranstalteten Burger Weihnachtswochen. Ein schwedisch angehauchter Weihnachtsmarkt, der schon im ersten Jahr viele Besucher anlockte. Bei Glühwein und Elchburger lässt sich die Weihnachtszeit fast fünf Wochen lang ausgiebig feiern.

Schrill und bunt ist der Inselkarneval. Wer glaubt, auf Fehmarn dem Karnevalsrummel in Köln, Mainz und Düsseldorf entkommen zu sein, irrt. Alljährlich tummeln sich im Februar die Inseljecken in tollen Kostümen im großen Festzelt und rund um den Marktplatz. Partymeile Burger Marktplatz. Erst im Morgengrauen verlassen die letzten Karnevalisten das beliebte Fest. So manch einen traf ich am nächsten Tag zur Kaffeezeit noch in seinem Kostüm an. Auf dem Burger Marktplatz ist einfach das ganze Jahr über etwas los.

> Die frisch gekochte Erbsensuppe von *Kerstins Marktstand* auf dem Marktplatz ist ein Gedicht. Mittwochs einen Topf Suppe vom Markt zu holen, ist quasi Pflichtprogramm.

Wunderschön ist das aus rotem Backstein gebaute Burger Rathaus, direkt am Marktplatz gelegen, unter großen Lindenbäumen. Es wurde am 22. November 1901 eingeweiht und stellt ein wahres Schmuckstück der Altstadt dar. Mit seinen runden Türmchen, die mit ihren Zinkdächern fast an Pickelhauben erinnern, ist das historische Haus mit all seinen Verschnörkelungen aus Holz und Ornamenten nicht nur von außen ein sehr beliebtes Fotomotiv.

Nachdem ich die Stufen zum Eingang des Gebäudes hinaufgestiegen bin, durchquere ich das schwere Portal aus Eichenholz, hinter dem ein schönes Entree wartet. Während der Öffnungszeiten ist das Rathaus für jedermann zugänglich. Ehrfürchtig betrete ich die Eingangshalle, die einem Saal gleicht. Das durch die bleiverglasten Fenster einfallende Licht bringt das Stadtwappen von Burg an der gegenüberliegenden Wand zum Leuchten. Weiter geht es auf dem mit Ornamenten verzierten Terrazzofußboden. Im Erdgeschoss beherbergt das Rathaus Verwaltungsbüros sowie das Standesamt mit seinem hübschen Trauzimmer. Ein Blick in den normalerweise nur für Hochzeiten geöffneten Raum verrät mir, dass die Erbauer nicht mit Holzvertäfelungen sparten.

Anschließend wende ich mich wieder dem Eingangsbereich zu. Eine Steintreppe mit schmiedeeisernem Geländer führt in den ersten Stock. Schmale Rundbogenfenster, die fast den Eindruck entstehen lassen, man würde sich in einem Turmzimmer aufhalten, wecken mein Interesse. Ich betrete den ehemaligen Sitzungssaal, in dem vor etlichen Jahren die Stadtvertretung tätig war. Mit seinen getäfelten Wänden und historischen Möbeln wirkt er nahezu königlich. Die Stadtvertretersitzungen finden heute allerdings im Senator-Thomsen--Haus unweit des Rathauses statt.

☞ Interessieren Sie sich für die Geschichte Fehmarns? Im Stadtarchiv im zweiten Stock des Rathauses sind Sie bei Fragen gut aufgehoben.

ERSTES HAUS AM PLATZ
Wisser's Hotel, Burg

Das erste Haus am Platz, das kann man von diesem Hotel zu Recht behaupten. Das historische Gebäude, das sich seit 1750 in Besitz der Familie Wisser befindet, ist direkt gegenüber dem Marktplatz gelegen. Der Name »Wisser« wird abgeleitet aus dem niederländischen »Visser«, was so viel wie »Fischer« bedeutet. Auf dem Wappen des Hotels befinden sich drei Fische, wodurch im Laufe der Zeit der heutige Name des Hotels entstand. Seit 1822 wird das Haus als Hotel geführt, zuvor gehörte es zu einer Apotheke.

Einen historischen Tag erlebte dieses Bauwerk im Jahr 1864, als Fehmarn unter dänischer Herrschaft stand. Damals residierten im Haus Wisser dänische Offiziere. Während diese noch schliefen, stürmten 160 Preußen unter Hauptmann Mellenthin die Insel und das Gebäude. Nach kurzem, heftigem Gefecht übernahmen die Preußen die Insel, und die dänische Besatzungszeit auf Fehmarn ging zu Ende. Ein wirklich geschichtsträchtiges Ereignis vor und in dem Hotel. Diese Zeiten sind längst vorüber. Heute haben Fehmaraner und Skandinavier ein freundschaftliches Verhältnis und Letztere sind gern gesehene Gäste.

Das Hotel wird in siebter Generation von Susanne Skerra, geborene Wisser-Rosolleck, und ihren Kindern Frank und Nicole geführt. Mit schönem Ambiente, hervorragendem Essen und jeder Menge Events überzeugt dieses Gemäuer seine Gäste. Der einzige Wermutstropfen ist, dass der alte Spiegelsaal, der ein Anbau des Hotels war, in der Silvesternacht 2004 völlig ausbrannte. Zahlreiche ausgelassene Feste fanden hier statt, sodass der Spiegelsaal den Insulanern bis heute fehlt. Aber die Zeit bleibt nun einmal auch auf Fehmarn nicht stehen.

🖋 Besuchen Sie einen der Grillabende auf der Terrasse des Wisser's Hotel, die mit herrlichen Scampis aufwarten. Ein Hochgenuss!

DIE KÜSTE IN DER KISTE
Atelier Kirsch, Burg

Fast ein wenig versteckt, im großen Innenhof der Osterstraße 13 in einer ausgebauten Scheune aus rotem Backstein und Fachwerk, befindet sich das Atelier von Gerd R. Kirsch. Die kleine Künstlerwerkstatt zeigt in ständiger Ausstellung die Bandbreite von Kirschs Schaffenskraft, zum Beispiel Bilder von Insel- und Küstenlandschaften in beeindruckender Vielfältigkeit und Farbgebung. Der Maler aus Kassel ist seit 1976 freischaffend auf der Insel tätig. Zu seinen Lieblingsmotiven zählen Landschaften am Meer und Fehmarn-Impressionen, die er mit verschiedenen Arbeitsweisen auf Bilder bannt.

Er findet seine Motive in der Natur der Umgebung, verarbeitet die Ideen dann in dem Atelier. Mein Blick schweift durch den Raum, und immer wieder bleibt er an den unterschiedlichsten Motiven hängen, die mit breitem Farbspektrum jede Menge Lebensfreude verströmen. Die Skulpturen sind, bis auf ein paar wenige Unikate im Kleinformat, nur an den Plätzen am Meer zu entdecken.

Besonders beeindruckt hat mich die Serie *Küste in der Kiste*, von der es zur Zeit 61 Bilder gibt. Bei einem Gespräch mit Gerd Kirsch und seiner Frau Ingeborg, die ebenfalls künstlerisch tätig ist, erzählten sie mir, dass die Bilderserie *Küste in der Kiste* aus dem Gedanken geboren wurde, dass nahezu jeder eine Kiste mit einem Sammelsurium von Gegenständen besitzt, die man über Jahre hortet, ohne sie wirklich gebrauchen zu können. Das brachte die Idee, die Küste und ihre Vielfältigkeit in einer vom Künstler gemalten Kiste darzustellen und ein wenig vom bunten Durcheinander der Sammelsuriumskisten dazuzugeben. Klingt wie die Rezeptur eines genialen Fünfsternemenüs.

Reinschauen bei Gerd R. Kirsch lohnt sich auf jeden Fall. Und vielleicht sind auch Sie bald Besitzer eines seiner wunderbaren Werke. Besucher sind im Atelier ausdrücklich erwünscht.

Schauen Sie sich nach dem Besuch im Atelier die lebensgroßen Skulpturen von Gerd R. Kirsch an, zum Beispiel *Hafenblick* an der Landspitze der Mole in Burgtiefe, die auf dem Foto zu sehen ist.

BURG FILMTHEATER /// BREITE STRASSE 13A /// 23769 BURG ///
0 43 71 / 67 28 /// WWW.BURGFILMTHEATER.DE ///

SYMBIOSE ZWISCHEN FILM UND KUNST
Burg Filmtheater

Das Burger Filmtheater ist ein ganz besonderes Kino. Das Jugendstilhaus liegt zwar in einer Art Hinterhof, ist aber nicht zu übersehen. Nirgendwo im Norden habe ich je etwas Vergleichbares entdeckt. Beim Betreten des Kinosaals werden Sie von nostalgischer Atmosphäre empfangen. Wenn Sie sich in einen der 71 plüschigen Kinostühle fallen lassen, fühlen Sie sich sofort in die 70er-Jahre zurückversetzt. Der Tresen im Saal nimmt die gesamte Breite des Raumes ein. Vor den sehr gemütlichen Sitzreihen befinden sich Tische, auf denen kleine alte Lampen angebracht sind, die warmes Licht verströmen. Jeder der Tische besitzt einen Knopf, der einen Mitarbeiter herbeiruft, wenn es Sie nach einem Getränk oder einem Snack gelüstet, die dann zum Platz gebracht werden. Ein Verzehrkino alter Tradition. Eines der ersten dieser Art in Deutschland.

Betrachte ich die Leinwand, eingerahmt von schweren Stoffen, fühle ich mich eher wie in einem Theater als in einem Kino. Doch lassen Sie sich von der nostalgischen Optik nicht täuschen: Das Kino ist ausgestattet mit der neuesten 3-D-Digitalprojektion. Wenn die Raumschiffe von *Star Wars* in 3-D über die Leinwand jagen, hat man durch die grandiose Soundanlage das Empfinden, man befinde sich mittendrin. Amüsant, wenn 170 Menschen mit 3-D-Brillen auf der Nase plötzlich in Deckung gehen.

Das Kino bietet nicht nur Genuss bei Filmvorführungen, auch Lesungen, Konzerte und Vorstellungen diverser Künstler können Sie hier live erleben. Dem Betreiber ist es gelungen, altes Ambiente mit neuer Technik zu verbinden, und er hat so eine außergewöhnliche Stätte für Filmkunst und Kulturprogramm geschaffen. Das macht dieses Filmtheater wirklich zu etwas Besonderem.

Besuchen Sie vor dem Kinovergnügen das Eiscafé *Burg Eis Lütt Huus* in der Breiten Straße 18 bis 20 direkt gegenüber dem Kino.

CAFÉ JEDERMANN /// OHRTSTRASSE 25 /// 23769 BURG /// 0 43 71 / 14 11 /// WWW.CAFEJEDERMANN-FEHMARN.DE ///

KLEIN, ABER OHO ...
Café Jedermann, Burg

Bei einem Altstadtbummel durch die Ohrtstraße führt mich der Weg vom Marktplatz geradewegs zum Café Jedermann von Marcus und Anna Glagowsky. Ein hübsches kleines Gebäude mit zum Teil altem restauriertem Fachwerk. Die lachende Kaffeekanne an der Fassade neben dem Namensschriftzug wirkt einladend, also gehe ich hinein. Beim Öffnen der Tür steigt mir der Duft von frisch gebackenen Kuchen und Torten in die Nase.

Haben Sie Lust auf einen leckeren Tee? 16 Sorten stehen zur Auswahl. Mir persönlich schmeckt der Joghurt-Zitronen-Tee am besten. Oder war es doch *Omas Gartentee*? Vom Kuchen ganz zu schweigen. Mein Favorit ist die Eierlikör-Creme-Torte. Sehr lecker! Wollen Sie bei einer Feier Ihre Gäste mit einem Kuchen oder einer Torte vom Café Jedermann verwöhnen, kein Problem. Diese können Sie ganz einfach über den Onlineshop bestellen oder natürlich im Café direkt.

So klein und heimelig das Café Jedermann von innen ist, so gemütlich wirkt der Außenbereich im Innenhof – mit Blumen und Ranken begrünt, Holztische und -stühle, ein Strandkorb. Schön! Ein Spielplatz für die kleinen Gäste ist auch vorhanden und lässt Eltern Kaffee und Kuchen in Ruhe genießen. In dieser kleinen Oase hat man nicht das Gefühl, sich mitten in der Stadt zu befinden. Die freundlichen Kellnerinnen sind allesamt sehr bemüht, Ihnen die Zeit so angenehm wie möglich zu gestalten.

Kommen Sie an einem schönen Morgen zum Frühstück vorbei. Im Sommer lässt es sich im Innenhof bei frischen Brötchen, Wurst, Käse und Marmelade herrlich in den Tag starten. Wem das nicht genug ist, der probiert die leckeren Blaubeerpfannkuchen, die, frisch zubereitet und mit Puderzucker bestäubt, jedem das Wasser im Munde zusammenlaufen lassen.

✍ Statten Sie dem Atelier Kokon, genau gegenüber in der Ohrtstraße 20 gelegen, einen Besuch ab. Dort wird unter anderem Kunst auf Seide geboten.

DAS RAUSCHEN DER BRANDUNG

Brandung – Bar und mehr, Burg

Im Herzen der Altstadt von Burg liegt die *Brandung*. Die Besitzer, lässige Typen, bringen mit ihrer Mischung aus Bistro, Bar und Restaurant Großstadtflair in die Altstadtgasse. Ein cooler Laden mit Loungecharakter. Die Außenfassade des Gebäudes ist mit farbenfrohen Graffiti von den Betreibern selbst verziert worden und unterstreicht den unkonventionellen Eindruck.

Durch offene Glastüren, die den Innenraum mit dem Außenbereich verbinden, dringt unaufdringliche Musik. Auf der Terrasse und im Gastraum gut gelaunte Leute. Das Innere des Lokals wirkt modern und elegant. Die Bar verfügt über einen Tresen, dessen Angebot an Whisky und Rum kaum zu überbieten ist. Bei dem schönen Wetter entscheide ich mich für einen Platz auf der Terrasse. Schnell habe ich einen freien Strandkorb gefunden und lasse mich nur zu gern von der lebhaften Atmosphäre anstecken. Selbst wenn es regnet, kann man bequem draußen sitzen. Die Terrasse lässt sich bei Bedarf überdachen, und niemand muss überstürzt den Außenbereich verlassen. Nach kurzem Blick auf die kleine, aber interessante Karte entscheide ich mich für eine Mexican Colada und einen Burger.

Die *Brandung* ist eine In-Kneipe und bekannt für ihre mehr als 60 Whisky- und Rumsorten. Auch mein Cocktail ist spitzenklasse und der Burger … Riesengroß liegt er vor mir auf dem Teller, und ich überlege, wie ich ihn am besten vertilge. Steaks schmecken hier ebenfalls vorzüglich, auf den Punkt gegrillt. Besonders beliebt bei den Gästen ist zudem der samtig weiche Beluga Wodka, an den ich mich bislang jedoch nicht herangetraut habe. Was auffällt, ist, dass die Bedienung genauso relaxt ist wie die Gäste. Man fühlt sich wohl in der *Brandung* im Herzen der Altstadt von Burg.

✍ Statten Sie auch der Burger Station an der Südstrandpromenade 1 (im ersten Stock des *FehMare*) einen Besuch ab.

AD·MDCXLIV·

EIN GESCHENK DES HIMMELS
Landhaus Kröger, Burg

Es begab sich zu der Zeit … So oder so ähnlich könnte eine Erzählung über dieses geschichtsträchtige Haus, das Landhaus Kröger mitten in der Altstadt von Burg, beginnen. Es handelt sich um eines der ältesten Häuser des Orts. Hans-Joachim Kröger, der Eigentümer des 1644 – kurz vor Ende des Dreißigjährigen Krieges – erbauten Hauses, betreibt in fünfter Generation ein gut gehendes Restaurant in den historischen Räumen. Diese bieten reichlich Platz für Feierlichkeiten und den Genuss von gutem Essen.

1844 ging das einstige Land- und Kaufhaus in das Eigentum von Familie Kröger über. Hinrich Kröger erwarb das Haus mit dazugehöriger Bauernstelle, das heute unter Denkmalschutz steht, von Baron von Leesen, bei dem er als Kammerdiener arbeitete. Das angrenzende Land wurde später verkauft. Heute steht dort die Inselschule.

Alten Erzählungen nach stammen die wuchtigen, bis zu elf Meter langen Trägerbalken zum Teil von Burg Glambeck. Dabei handelt es sich natürlich um Überlieferungen, die mit einem Augenzwinkern zu verstehen sind. Auch um die Amphore, die über dem Eingang zum Restaurant thront, ranken sich Geschichten. Man sagte mir, sie sei ein Geschenk des Königs für besondere Dienste an den Urgroßvater von Hans-Joachim Kröger. Ein Gespräch mit Hans-Joachim Kröger brachte jedoch die Ernüchterung: Die Amphore ist lediglich ein Mitbringsel des Urgroßvaters von einer Schiffsreise nach Ägypten. Doch auch gerade wegen dieser Geschichten rund um das Haus ist es etwas Besonderes, ein wirkliches Schmuckstück. Im Inneren des rustikal eingerichteten Restaurants findet man überall Fotos, die an vergangene Zeiten erinnern.

Und schauen Sie sich die alten Balken einmal genau an. Burg Glambeck oder nicht?

✍ Genießen Sie die verschiedenen Schnitzelvariationen. Das Kröger Schnitzel, mit Tomate und Käse überbacken, schmeckt mir persönlich besonders gut.

GENIESSEN SIE DIESEN LECKEREN KUCHEN IN DER HOFPASSAGE
OSTERTWIETE. ZUGANG ZUR HOFPASSAGE ERHALTEN SIE VON DER
BREITEN STRASSE AUF HÖHE DES FOTOLADEN OCHSEN,
HAUSNUMMER 22, AUS UND ÜBER DEN GROSSPARKPLATZ OST IN DER
OSTERSTRASSE.

IM HOF, AM HOF
Hofpassage Ostertwiete

Seit Kurzem trägt die Hofpassage den schönen Namen »Ostertwiete«. Und der Name passt. Als »Twiete« bezeichnet man eine kleine, nicht befahrbare Gasse, einen Querweg, der zwischen zwei Straßen liegt, in diesem Fall zwischen Osterstraße und Breiter Straße. Von der Osterstraße her wandelt man zwischen alten, liebevoll hergerichteten und neuen Gebäuden hindurch die Passage entlang. Man trifft sich hier in einem urigen Café unter Bäumen zu Kaffee und Kuchen, vielleicht auch um die vielen Passanten zu beobachten, die vorbeiströmen.

Ein paar Schritte weiter laden kleine Geschäfte zum Stöbern und Einkaufen ein. Der Duft eines Seifenladens, der *Seifenoase Fehmarn*, zieht mich fast magisch an, denn die Tür steht, zumindest im Sommer, meist sperrangelweit offen. Minitörtchen aus herrlich riechender Seife gefällig? Fast möchte ich hineinbeißen, so echt sehen sie aus. Und im *Vai Moana* gegenüber finden Sie bestimmt ein nettes Mitbringsel für die Liebsten. Der Fairtrade-Laden bietet bunte Tücher, handgefertigten Schmuck und vieles mehr, was sich gut verschenken oder natürlich auch selbst nutzen lässt.

Vor einem bodentiefen Schaufenster bleibe ich entzückt stehen. »Surf & Fashion«, steht auf dem Schild an der Fassade. Auch wenn ich kein Surfer oder Kiter bin, finde ich in diesem Outlet oft ein schönes Shirt, eine coole Jacke oder bequeme Schuhe. Wenn auch Sie Outdoormode lieben, dann sind Sie hier genau richtig. Am Ende der Passage zur Osterstraße hin erwartet Sie noch einmal ein Geruchserlebnis: Aus einem Teeladen strömen 1.000 verschiedene Düfte auf die Straße. Es riecht nach Ingwer, Pfefferminze und Schokolade und auch nach verschiedenen Kaffeespezialitäten.

Die Läden der Hofpassage Ostertwiete reihen sich aneinander wie Perlen auf einer Schnur, und es macht Spaß, in einem nach dem andern zu stöbern.

🖉 Falls Sie mit dem Wagen kommen: Parken Sie in der Osterstraße auf dem Großparkplatz Ost, einmal über die Straße und schon sind Sie da.

SENATOR-THOMSEN-HAUS /// BREITE STRASSE 28 /// 23769 BURG ///
0 43 71 / 50 66 23 ///

HAUS MIT EIGENEM QUARTIER

Senator-Thomsen-Haus, Burg

Im 18. Jahrhundert war die Breite Straße eine der beliebtesten Straßen in Burg. Jeder, der etwas auf sich hielt und genügend Geld besaß, baute hier sein Domizil. Fast jedes Mal, wenn ich diese Straße entlanggehe, bleibe ich vor dem Haus mit der Nummer 28 stehen. Das barocke Gebäude mit weiß getünchtem Stein, grauem Fachwerk und dem parkähnlichen Garten gehört zu den ältesten Häusern Burgs. Es wurde 1783 von Schiffskapitän Jürgen Wohler und seiner Frau Anna erbaut. Nach dem Tod der Familie Wohler erwarb der Postmeister und Senator Hans Matthäus Thomsen das Haus. Er war kein Senator im eigentlichen Sinn, sondern stellvertretender Bürgermeister, den man aufgrund alter Lübecker Bräuche »Senator« nannte.

Senator Thomsen vererbte das Haus mit seinem Tod 1894 seinem Enkel Friedrich Wilhelm Schumacher. Dieser war nach Amerika ausgewandert und vermachte das Haus seinerseits der Stadt Burg unter der Prämisse, es für soziale oder kulturelle Einrichtungen zu nutzen. Heute ist das Senator-Thomsen-Haus das Kulturzentrum von Burg. Die *Burger Kunsttage* sowie viele andere kulturelle Veranstaltungen finden hier statt. Während der Veranstaltungen und Ausstellungen ist das Senator-Thomsen-Haus für die Öffentlichkeit geöffnet. Der dazugehörige Garten ist jederzeit begehbar. Hier steht übrigens die größte immergrüne Stechpalme der Insel. Ein echter Hingucker, der selbst im Winter seine Farbenpracht erhält, wenn alle Bäume längst kahl sind.

Wer sich fragt, was das Schildchen an der Fassade mit der Aufschrift »1. Quartier Nummer 31« zu bedeuten hat: Dies geht auf die Zeit zurück, als Burg in fünf Quartiere eingeteilt war. Das Senator-Thomsen-Haus gehörte zum 1. Quartier, Nummer 31. Heute genügen natürlich der Straßenname und die Hausnummer als Adressangabe.

✍ Nach dem Kulturerlebnis warten gleich nebenan im italienischen Restaurant Doppeleiche (Breite Straße 32) leckere Pizza und Pasta auf Sie. www.doppeleiche.com

PETER-WIEPERT-MUSEUM /// BREITE STRASSE 49 /// 23769 BURG ///
0 43 71 / 62 57 /// WWW.MUSEUM-FEHMARN.DE/PETERWIEPERT.HTML ///

VON HEXEN UND MONARCHEN
Fehmarn-Museum, Burg

19

Das älteste Haus Burgs stammt aus dem Jahre 1611 und befindet sich unweit der St.-Nikolai-Kirche. Mit seinem hellen Anstrich und dem gut erhaltenen Fachwerk, eingerahmt von imposanten Lindenbäumen, ist das Peter-Wiepert-Museum nicht zu übersehen. Benannt wurde es nach dem Bauern, Schriftsteller und Heimatforscher Peter Wiepert (1890–1980), der sich viele Jahre um das Heimatmuseum verdient machte. Heute ist es reich bestückt mit Zeugnissen vergangener Zeiten.

Das Museum verfügt über 23 Räume, die bis zur letzten Ecke angefüllt sind mit geschichtsträchtigen Ausstellungsstücken von Fehmarn: von historischen Fotos und Gemälden über Kleider, Möbel und Essgeschirr bis hin zu komplett eingerichteten Wohnstuben, die mich augenblicklich in frühere Zeiten zurückversetzen. Und nur einen Raum weiter gibt es geologische Funde zu entdecken sowie Steinzeitwerkzeuge, Waffen und Schmuck. Hinter Glas geschützt warten alte Dokumente auf die Besucher. Sie erzählen von den Zeiten aufregender Seefahrten, der Fischerei und den Monarchen, den sogenannten Wanderarbeitern, die als Helfer bei der Ernte oder dem Eisenbahnbau auf der Insel ihr Geld verdienten. Der Name »Monarch« hat nichts mit dem gekrönten Alleinherrscher zu tun, sondern geht zurück auf die jiddischen Bezeichnungen für »Kamerad« (»Makor«) und »Fremdling« (»Nechor«).

Am meisten fasziniert mich die Aberglauben-Kammer. Hier liegen Tarotkarten neben Pendeln, Bannsprüchen und Schutzutensilien, die gegen Flüche und Verhexungen während und nach der Zeit der Hexenverfolgung helfen sollten. Wussten Sie, dass über 120 Hexenverbrennungen sowie eine Massenverbrennung in einer der dunkelsten Zeiten der Geschichte auf Fehmarn stattfanden? Nein? Das Peter-Wiepert-Museum enthüllt noch viele weitere spannende Details zur Geschichte der Insel.

🍫   Lust auf Schokolade? Dann ist ein Besuch der Fehmaraner-Pralinen-Manufaktur in der Süderstraße 2 genau das Richtige für Sie (etwa eine Minute Fußweg vom Museum entfernt).

ZUGANG ZUM BÜRGERPARK ERHALTEN SIE VON DER OSTERSTRASSE AUS
GEGENÜBER DEM GROSSPARKPLATZ WEST, NEBEN DER KERZENWERKSTATT,
ODER ÜBER DIE BREITE STRASSE NEBEN DEM SENATOR-THOMSEN-HAUS.
VON DORT AUS FÜHRT EIN SCHMALER WEG IN DEN PARK.

WANDELN UNTER URALTEN BÄUMEN
Bürgerpark, Burg

20

Nach einem ausgiebigen Einkaufsbummel durch die Burger Altstadt möchte ich meinen Beinen eine kleine Erholungspause gönnen. Geradezu einladend bietet sich dafür der Bürgerpark an, der wunderbar ruhig und idyllisch zwischen der Breiten Straße und der Osterstraße liegt. Direkt neben dem historischen Senator-Thomsen-Haus befindet sich der schmale Zugang zu dem kleinen Park.

Wie in einer Allee ranken grün bewachsene Äste riesiger Bäume über den Weg. Umgeben von zum Teil alten, großen Eschen, Linden, Buchen und Eichen laden Bänke ein, hier zu verweilen. Unweit von fröhlichem Kinderlachen finde ich ein lauschiges Plätzchen. Der Park wird gern von Familien mit Kindern besucht. Spielgeräte bieten reichlich Möglichkeiten für die Kleinen zum ausgiebigen Toben. Da haben Mama und Papa Pause. Aber auch für ältere Besucher ist das grüne Fleckchen Erde eine kleine Oase. Wenn die Beine nicht mehr tragen wollen, kann man hier herrlich ein wenig verschnaufen. Die alten Bäume um mich herum sind zum Teil umrankt von Efeu, der sich kunstvoll um die knorrigen Stämme gewickelt hat, ohne ihnen zu schaden. Der Efeu trägt im Frühjahr seine kleinen Früchte, an denen sich die Vögel mit lautem Gezwitscher laben, und blüht im Herbst. Die Zeit, die mir persönlich am besten gefällt. Nach dem Sommer, wenn die Blätter an den Bäumen sich langsam verfärben und das rotgoldene Licht der Abendsonne ihre zauberhaften Farben zum Strahlen bringt, dann geht ein richtiges Leuchten durch die Parkanlage in der Burger Altstadt. Besuchen Sie den Bürgerpark, wenn Sie ein wenig entspannen und verschnaufen möchten oder einfach nur ein bisschen durch die kleine Oase mitten in der Stadt schlendern wollen.

🕯 Nahe des Parks, in der Osterstraße 49, befindet sich die Kerzenwerkstatt. Stellen Sie doch mal Ihre eigene Kerze her oder wählen Sie eine aus dem vielfältigen Angebot aus. www.kerzenwerkstatt-fehmarn.de

ST.-NIKOLAI-KIRCHE /// BREITE STRASSE 47 /// 23769 BURG ///
0 43 71 / 22 50 /// WWW.ST-NIKOLAI-KIRCHE-BURG.DE ///

DEM HIMMEL EIN STÜCK NÄHER
St.-Nikolai-Kirche, Burg

21

Die für mich schönste Kirche der Insel steht am Rand der Altstadt, gleich neben dem Peter-Wiepert-Museum. Mit Ehrfurcht betrete ich jedes Mal das Portal. Als Insulanerin geschieht dies natürlich des Öfteren, finden hier doch häufig Hochzeiten, kirchliche Musikveranstaltungen, Weihnachtsaufführungen und andere Feierlichkeiten statt.

Die im 13. Jahrhundert errichtete dreischiffige Hallenkirche, die ab 1505 erweitert wurde, ist beeindruckend. Der vierkantige, 48 Meter hohe Turm wurde 1513 während der dritten Bauperiode angebaut. Er war ursprünglich sagenhafte 18 Meter höher, doch die Spitze hielt 1760 einem Sturm nicht stand und brach ab. 1763 erhielt der Turm eine neue Spitze mit einer wunderschön geschwungenen Barockhaube. Die Mauern der St.-Nikolai-Kirche sind aus Felsstein und circa zwei Meter dick. Von außen erscheint das Gotteshaus riesig, doch im Inneren verliert sich dieser Eindruck.

Die geschwungenen, neun bis elf Meter hohen Decken sind mit romantischen Motiven bemalt. Ein großes Votivschiff hängt am Ende des Ganges, gleich hinter der Kanzel im holländischen Barock. Der dreiflügelige Hauptaltar der Kirche stellt die Geschichte von Jesus, dem letzten Abendmahl, dem Verrat und der Kreuzigung auf seinen drei üppig verzierten Flügeln dar. Betrachten Sie die Epitaphe und die vier Holzplastiken und begeben Sie sich dann auf den Rückweg durch den ungefähr 60 Meter langen Kirchengang, vorbei am dreiflügeligen Blasiusaltar – dem einzigen erhaltenen Seitenaltar der St.-Nikolai-Kirche. Bemerkenswert ist auch die Orgel mit ihren 31 Registern. Ihr Klang ist betörend. Es tut gut, sich in die Stille der Kirche zurückzuziehen und für ein paar Momente dem Alltag zu entfliehen.

🖎 Nehmen Sie an einer Turmführung teil. Der Blick von oben ist fantastisch.

ST.-JÜRGEN-KAPELLE /// KAPELLENWEG 13 /// 23769 BURG ///

SIECHENHAUS UND PULVERKAMMER
St.-Jürgen-Kapelle, Burg

22

Unweit der Altstadt, circa einen Kilometer südöstlich von Burg gelegen, steht die St.-Jürgen-Kapelle. Das rote Backsteingebäude mit Satteldach und Holzkreuz, dessen Fundament aus Findlingen besteht, ist mit sechs mal zwölf Meter nicht gerade groß. Dafür umso schöner. Besonders gefallen mir die gotischen Spitzbogenfenster. Mit ihren zierlichen bleiverglasten Scheiben erinnern sie mich an die eines Märchenschlosses. Märchenhaft ist die Geschichte des Gebäudes im Gegensatz dazu allerdings nicht. Im 13. Jahrhundert erbaut, wurde es als Siechenhaus für an Lepra und Pest Erkrankte genutzt. Die Kapelle bot sich dafür an, da solche Einrichtungen im Mittelalter außerhalb der Stadt lagen. Zur Zeit der dänischen Besatzung der Insel wurde die Kapelle dann als Pulverkammer und Pferdestall genutzt. Heute finden hier Beisetzungen sowie romantische Hochzeiten statt.

Die Malereien aus dem 15. Jahrhundert, die Wände und Decken fast komplett bedecken, faszinieren mich bei jedem Besuch. Der Opferstock in der Kapelle stammt ursprünglich aus der Peter-und-Paul-Kapelle und ist das Einzige, was von ihr erhalten geblieben ist. Er befindet sich neben dem Eingang. Das Hauptstück der Kapelle ist die St.-Georgs-Gruppe: Der Drachentöter Georg rettet eine dem Tod geweihte Jungfrau. Nicht mehr zu sehen ist leider das Altarbild, das von den napoleonischen Truppen entwendet wurde und seitdem verschwunden ist.

Die Kapelle liegt verträumt da, eingerahmt von einer mit alten Bäumen bewachsenen Grünfläche, und hat in der Abenddämmerung etwas Mystisches. Das mag am Licht der letzten Sonnenstrahlen, vielleicht aber auch daran liegen, dass sich im 17. Jahrhundert ganz in der Nähe ein Platz befand, auf dem vermeintliche Hexen verbrannt wurden. Unheimlich, aber wahr.

✍ Die Kapelle ist ein Punkt des Pilgerweges Via Scandinavica. Sie hat keine regulären Öffnungszeiten; um sie zu besichtigen, kontaktieren Sie bitte deren Verwalterin Cornelia Redlin unter 04371/6089833.

ZUM RICHTPLATZ GELANGEN SIE, INDEM SIE DEM KAPELLENWEG BIS ZUR ST.-JÜRGEN-KAPELLE FOLGEN UND DEN SCHMALEN SPAZIERWEG, DER RECHTS NEBEN DER KAPELLE VERLÄUFT, BIS ZU DEN GÄRTEN VON ST. JÜRGEN ENTLANGGEHEN.

EIN DUNKLER ORT DER GESCHICHTE
Richtplatz, Burg

23

Der Richtplatz von Burg liegt etwas versteckt. Gut zu erreichen ist er über einen schmalen Fußgängerweg, der im Kapellenweg rechts an der St.-Jürgen-Kapelle vorbeiführt Richtung Jugendherberge in der Mathildenstraße. Folgen Sie ihm, kommen Sie rechter Hand an den Gärten von St. Jürgen entlang, und genau gegenüber, hinter den alten Siechenhäusern, die sie vom Weg aus sehen können, befindet sich der Platz, auf dem so viel Leidvolles geschehen ist.

Im 17. Jahrhundert wurden auf der Insel Fehmarn mehr als 120 Frauen und Männer der Hexerei beschuldigt. Sie wurden gefangen genommen und in Burgtiefe in die Ostsee geworfen, um den sogenannten Wassertest durchzuführen. Blieben sie an der Wasseroberfläche, wurden sie für schuldig erklärt und so lange gefoltert, bis sie schließlich alles gestanden, was ihnen vorgeworfen wurde. Dann brachte man sie auf den Richtplatz an den Gärten von St. Jürgen und verbrannte die vermeintlichen Hexen. Welch unsägliche Torturen müssen diese Menschen durchgestanden haben.

Eine alte, gebrochene Eiche, die am Rand des Platzes steht, richtet ihre dicken Zweige warnend nach unten und vermittelt mir ein Gefühl von Unbehagen, als ich an ihr vorbeigehe. Der Bereich, in dem sich der Richtplatz befand, ist heute überwuchert von stacheligem Gestrüpp, als sollte man diesen Ort meiden. Es ist totenstill, und ich spreche ein Gebet für die Seelen der Menschen, die hier auf tragische Weise ihr Leben ließen. Fast glaube ich, das Leid der Verlorenen zu spüren. Ich bekomme jedes Mal eine Gänsehaut beim Besuch dieses Platzes. Aber auch diese Geschehnisse gehören zur Geschichte der Insel, sind ein wichtiger Teil von ihr und dürfen nicht vergessen werden. Ein Grund, weshalb ich immer wieder hierherkomme.

✎ Informieren Sie sich über die Hexenverfolgung auf Fehmarn im Peter-Wiepert-Museum.

BAYRISCHES TROMPETENSOLO

Hotel und Restaurant Burg-Klause, Burg

24

Ein Bayer auf Rügen war gestern. Heute ist ein Bayer auf Fehmarn angesagt. Im Hotel und Restaurant Burg-Klause, hinter der St.-Nikolai-Kirche gelegen, wird das Essen von Peter Wolf zubereitet, waschechter Bayer und Chef des Hauses. Die Burg-Klause ist ein Hotel-Restaurant mit Tradition, das schon die Eltern von Wolfs Frau Gesa betrieben.

Das mit Holz vertäfelte Restaurant im bayrischen Stil ist gemütlich und lässt keine kulinarischen Wünsche offen. Auf der Karte stehen neben Ostseescholle und Rotbarschfilet auch bayrische Klassiker wie Allgäuer Käsespätzle mit Röstzwiebeln. Manchmal muss man etwas länger auf sein Essen warten, da alles frisch zubereitet wird, aber das lohnt sich allemal. Zu meinen absoluten Lieblingsgerichten gehört das Schweinefilet Züricher Art mit hausgemachten Spätzle. Aber nicht nur das Essen ist hervorragend. Im Sommer lässt es sich draußen im Biergarten oder im Wintergarten gut aushalten. Im Winter lädt besonders das behagliche Kaminzimmer mit seinen Bücherecken zum Verweilen ein. Ein großes Wandgemälde, das Burg mit seiner St.-Nikolai-Kirche darstellt, sowie ein Deckengemälde fesseln den Blick. Vor dem knisternden Kamin lässt sich genüsslich ein Glas Wein oder Whisky genießen. Vielleicht haben Sie auch ganz viel Glück und der Urbayer Peter Wolf, ein begeisterter Musiker, spielt ein Solo auf seiner Trompete. Ja mei, wo gibt's denn so was? Das ist schon etwas Besonderes. Bayrische Gemütlichkeit an der Ostsee.

Das Team der Burg-Klause ist stets freundlich und die entspannte Stimmung überträgt sich auf die Gäste. Wenn Sie länger bleiben wollen: Das ans Restaurant angegliederte Hotel verfügt über mehrere Einzel- sowie Doppelzimmer. Ein wahres Rundumpaket.

🐟 Probieren Sie unbedingt die Gurkenschaumsuppe mit Nordseekrabben. Köstlich!

Das kleine Haus in der Süderstraße ist wie geschaffen für den skandinavisch anmutenden Laden von Katharina Maaß. Wer hinein will, muss einen kurzen Umweg über die kleine Gasse Badstaven nehmen, denn dort befindet sich der Eingang. Ein leuchtendes Schild an der Fassade der Kleinen Stube begrüßt Sie mit den Worten »Wohnbehagen und Geschenke«. Farbenfrohe Hühner und bunt bepflanzte Töpfe geleiten Sie hinein. Der Eingangsbereich empfängt Sie mit zierlichen alten Möbeln, Regalen und Küchenschränken, auf denen Plaids, Decken und Kissen ihren Platz gefunden haben. Die Möbel wurden von der Inhaberin selbst restauriert. Da möchte man sich am liebsten setzen und Kaffee und Kuchen bestellen. Buntes und geschmackvolles Geschirr dafür gibt es hier reichlich zu finden. Außerdem wunderschöne Tischdecken und Servietten, die Lust machen, das eigene Heim zu verschönern.

Oh, ich bin begeistert und möchte … einfach alles haben. Ich betrete den eigentlichen Verkaufsraum, in dem pastellfarbenes Geschirr und glitzerndes Interieur warten. Einzelne außergewöhnliche Schmuckstücke lassen mein Herz höherschlagen. Besonders angetan hat es mir ein saphirfarbener Kronleuchter, der die pinkfarben gestrichene Wand beleuchtet. Direkt darunter befindet sich eine liebevoll gestaltete Ecke für kleine Prinzessinnen mit farbenfrohem Geschirr und Besteck für Kinder. Ich kann mich gar nicht sattsehen an all den schönen Dingen.

Ein besonderes Highlight ist für mich immer die Weihnachtszeit in der Kleinen Stube, in der es bei Eierpunsch und heißer Schokolade alles für die festlichen Tage zu erwerben gibt. Aber eigentlich könnte ich das ganze Jahr hier verweilen …

☞ Für Stöberfreunde gibt es unweit der Kleinen Stube, in der Sahrensdorfer Straße 12, das Grüne Warenhaus Rathjen. Hier finden Sie schöne Dinge zum Dekorieren von Haus und Garten. www.rathjen-fehmarn.de

·ÄLTESTE EISMANUFAKTUR AUF FEHMARN·

FAM. BARNASCH

Raddens Eis

SEIT 1947

·MILCHSPEISEEIS AUS EIGENER HERSTELLUNG·

Früchte-Becher
- SOFTEIS
- FRUCHTCOCKTAIL
- SAHNE
- TOPPING

3.50

Kirsch-Eisbecher
- SOFTEIS
- KIRSCHGRÜTZE
- SAHNE
- TOPPING
- AUF WUNSCH MIT SCHUSS + 1 €

4.00

Himbeer-Eisbecher
- SOFTEIS
- HIMBEEREN
- SAHNE
- TOPPING

4.50

Karamell-Eisbecher
- SOFTEIS
- WAFFELCRUNCH
- KARAMELLSOSSE
- SAHNE

Eierlikör-Eisbecher
- SOFTEIS
- EIER
- EIERLIKÖR
- SAHNE
- SCHOKOSTREUSEL

Amaretto-Eisbecher
- SOFTEIS
- AMARETTINIS
- AMARETTO
- SAHNE
- KROKANTSTREUSEL

Softeis

·EIGENE HERSTELLUNG·

DIE AKTUELLEN EISSORTEN
STEHEN AUF DER TAFEL
LINKS AN DER TÜR!

UNSERE GRÖSSEN/EISPREISE IN €

| 0.50 | 1.- | 1.50 | 2.- | 2.50 | 3.- | 4.- | 5.- | 6.- | 7.- |

KROKANT	€ 0.50
SAHNE	€ 0.50
STREUSEL	
(SCHOKOPULVER, SCHOKOSTREUSEL,	
BUNTE ZUCKERSTREUSEL, KOKOSFLOCKEN,	
LAKRITZPULVER, ZIMT & ZUCKER)	

RADDEN'S EIS /// SÜDERSTRASSE 40 /// 23769 BURG /// 0 43 71 / 12 55 ///

SCHLANGE STEHEN BIS ANS ECK
Radden's Eis, Burg

26

Na, da hab ich aber Glück gehabt, dass die Schlange noch nicht bis zum U-Boot im Hafen reicht, sondern nur bis zur Ecke. Denn dass man für dieses sehr leckere Eis anstehen muss, das ist klar.

Seit 1947 wird der kleine Softeisbetrieb von Familie Barnasch betrieben, nun schon in dritter Generation. Vater und Sohn sind ein tolles Gespann, wenn es darum geht, das supercremige Softeis in vielen Geschmacksvariationen aus der Eismaschine zu ziehen. Sie halten stets den direkten Kontakt zu ihren Kunden und haben immer einen lockeren Spruch auf den Lippen, was die Wartezeit enorm verkürzt.

Fast fühle ich mich in meine Kindheit zurückversetzt, besser gesagt in meine damaligen Lieblingsfilme. Das Häuschen erinnert mich ein wenig an Pippi Langstrumpf, wo es ebenfalls diese kleinen Eisbuden gab. Mit gestreifter Markise und einer großen Eistüte in sanften Pastellfarben über dem Verkaufsfenster.

Die Eismaschinen, aus denen sich das leckerste Softeis der Insel herausschlängelt, um in einer knusprigen Eistüte zu landen, befinden sich im Verkaufsraum, von wo aus die Barnaschs die Leckereien durch ein winziges Verkaufsfenster an ihre Kunden reichen. Und wenn Vater und Sohn gleichzeitig dort beschäftigt sind, kann es schon mal eng werden. Trotzdem sind die beiden immer freundlich, egal wie lang der Tag auch sein mag.

Ich übertreibe nicht, wenn ich behaupte, dass nichts besser schmeckt als das hervorragend zubereitete Softeis der Familie Barnasch. Allein die ellenlange Schlange zeugt von der sehr guten Eisqualität. Mein persönlicher Favorit ist das Waldmeister-Vanille-Eis mit leckerem Schokoladenüberzug. Mmh … Dafür stehe ich dann auch gerne ein paar Minuten an.

🍴 Gleich nebenan in *Netti's Restaurant,* klein und gemütlich, in der Süderstraße 34, gibt es große Fisch- und Fleischportionen zu fairen Preisen (0 43 71 / 87 92 42).

SILO CLIMBING FEHMARN /// BURGSTAAKEN 50 /// 23769 BURG ///
0 43 71 / 50 31 02 /// WWW.SILOCLIMBING.COM ///

DER WEG IST DAS ZIEL
Silo Climbing Fehmarn, Burg

27

Man staunt nicht schlecht, wenn man aus Richtung Burg in den Kommunalhafen von Burgstaaken kommt. Kennt man die Insel doch eigentlich nur als plattes Land, und auf einmal steht man vor einer 40 Meter hohen Kletteranlage. Die drei aus Beton gebauten ehemaligen Getreidesilos wurden nach ihrer Stilllegung 1997 einfach zum Spaßmagneten umfunktioniert. Eine sehr gute Idee!

Betrachtet man die grauen Türme, die schon von Weitem zu erkennen sind, findet man auf der rückwärtigen Seite Graffiti in luftiger Höhe und ein großes, bunt bemaltes Schild, auf dem in dicken Lettern darauf hingewiesen wird, dass es sich um eine Silo-Climbing-Anlage handelt. Auf 14 verschiedenen Routen können sich hier junge und ältere Freeclimber, die mindestens 1,10 Meter groß sein müssen und höchstens bis 100 Kilo schwer sein dürfen, in verschiedenen Schwierigkeitsgraden messen. Die Klettergriffe sind so angeordnet, dass jeder Climber den für ihn richtigen Schwierigkeitsgrad wählen kann.

Die Anlage ist eine Partneranlage, was so viel bedeutet wie: Die Silos dürfen nur zu zweit bezwungen werden. Ein Partner klettert, der andere sichert. Ganz klar eine Vertrauenssache. Und: Die Climbing-Anlage ist die größte Toprope gesicherte Kletteranlage Europas, das heißt, man wird mit einem Seil von oben gesichert.

Beim Blick von unten auf die Getreidesilos und die 40-Meter-Marke kann einem schon schwindlig werden. Na ja, man kann auch erst einmal klein beginnen. Mir genügt es, nur ein paar Meter nach oben zu klettern, während andere Besucher an mir vorbeiziehen und tatsächlich bis ganz nach oben klettern. Respekt! Für die Schnellsten winkt ein Eintrag in die Bestenliste auf der Silo-Climbing-Homepage.

Nach getaner Arbeit entspanne ich mich gerne bei einem Milchkaffee im *Climber Café* gleich nebenan und schaue den anderen beim Klettern zu.

✍ Beim Silo Climbing wird Sicherheit großgeschrieben, deswegen geht nichts ohne einen Sicherungspartner. Er sollte mindestens zwei Drittel des eigenen Körpergewichts auf die Waage bringen.

CAFÉ KONTOR /// BURGSTAAKEN 57 /// 23769 BURGSTAAKEN ///
01 72 / 4 50 72 79 /// WWW.CAFEKONTOR.DE ///

WO EINST SCHREIBTISCHE
IHREN DIENST TATEN

Café Kontor, Burgstaaken

28

Im Hafengebiet von Burgstaaken gegenüber den Getreidespeichern liegt das *Café Kontor*. Ein wunderschöner alter Backsteinbau, der nach seiner ursprünglichen Funktion benannt wurde. Bei dem Gebäude handelt es sich um die ehemaligen Kontorräume der Fehmarner Mühle. Die Besitzerin Maren Kölln hat das Café geschmackvoll eingerichtet. Es ist gemütlich, mit einem Hauch Nostalgie. Der Gastraum ist mit vielen kleinen Details wunderschön dekoriert, die fast alle käuflich zu erwerben sind – wenn man denn möchte. Als Highlight strahlt ein mit feurigen Steinen verzierter, glitzernder Kronleuchter von der Decke. Große, goldfarbene verschnörkelte Spiegel an den Wänden, Glasgefäße und eine Menge hübscher Dekoartikel lassen die Augen ständig etwas Neues entdecken.

Nicht weniger interessant ist die Aussicht nach draußen. Das *Kontor* besticht durch seine wunderschöne Lage mit Hafenblick. Während ich bequem an einem der kleinen Tische in einem lilafarbenen Sessel sitze und ein Stück Preiselbeertorte genieße, warten dort einige der großen Fischkutter darauf, für den nächsten Fang hinausfahren zu können oder eine Angeltour mit Gästen zu unternehmen.

Das *Kontor* ist sowohl für die Surfgeneration als auch für Best Ager oder für Familien mit Kindern das richtige Café. Ein kleiner, in der Regel saisonal dekorierter Garten mit Spielecke, in der die Kleinen in einer Sandkiste buddeln können, grenzt an das Gebäude an. Ich persönlich mag das Puppenstubenflair des Cafés, in dem man sich wie bei Großmutter zu Hause fühlt. Mal abgesehen vom Ambiente können Sie hier in aller Gemütlichkeit natürlich leckeren Kuchen mit experimentierfreudigem Topping aus Marzipan, Sahne oder Frischkäse genießen. Die Stücke sind äußerst großzügig geschnitten, hungrig muss niemand das *Kontor* verlassen.

☞ Probieren Sie die Überraschungstorte, wenn Sie im *Café Kontor* einkehren. Sie ist jedes Mal ein Genuss!

ZUM ERLEBNISHAFEN BURGSTAAKEN FOLGEN SIE VOM ZENTRUM BURGS
DER BREITEN STRASSE (EINBAHNSTRASSE) RICHTUNG BURGSTAAKEN.
EIN GROSSER PARKPLATZ BEFINDET SICH AM ENDE DER STRASSE DIREKT
AM HAFEN (AM BINNENSEE 54).

WWW.ERLEBNISHAFEN-BURGSTAAKEN.DE ///

Der Weg zum Erlebnishafen Burgstaaken ist nicht zu verfehlen. Aus der Altstadt Burg der kopfsteingepflasterten Straße folgen, immer geradeaus Richtung Burgstaaken, bis man unweigerlich im Hafengebiet landet. Begrüßt von hohen Silos auf beiden Seiten der Straße, fährt man wie durch ein Tor, das sich am Ende öffnet und die ganze Vielfalt des erstmals 1778 erwähnten Hafens preisgibt.

Im Hafenbecken dümpeln große und kleine bunt gestrichene Fischerboote. Die Flotte ist beträchtlich und lockt jeden Tag viele Besucher an. Als ich zum Kai schlendere, liegt dort gerade eines der kleineren Fischerboote, von dem fangfrischer Fisch verkauft wird. Der kurze Spaziergang durch den viele hundert Jahre alten Hafen führt mich zu den Stegen, von denen die verschiedenen größeren Schiffe zu ihren Touren auslaufen. Starten Sie von hier aus zu einer Ostseetour, die Ihnen die See mit all ihrem Lebensraum näherbringt.

Nahe des Hafenkais komme ich an dem Museums-U-Boot U11 vorbei. Wer sich schon immer mal wie das Besatzungsmitglied eines U-Boots fühlen wollte, sollte sich diese Gelegenheit nicht entgehen lassen. Gleich daneben befindet sich der SAR-Rettungskreuzer, die Arwed Emminghaus, der als Seenotrettungsmuseum – wie auch das U11 – an Land an die Kette gelegt wurde. Nur ein paar Meter weiter können Sie zu einem Spaziergang um den Burger Binnensee starten. Und wer nach den vielen Besichtigungen Hunger hat, geht auf ein Fischbrötchen in die Genossenschaft, kehrt ins *Restaurant Lotsenhus* oder ins *Café El Sol* ein. Wem das immer noch nicht genug Erlebnis ist, der hat alle zwei Jahre die Möglichkeit, am kunterbunten Hafenfest teilzunehmen, bei dem es mit Musik und Leckereien feuchtfröhlich zugeht. Ahoi …

✐   Im Hafengebiet befindet sich fast das ganze Jahr über die *Obstpalette Fehmarn*. Der Minimarkt bietet neben Obst und Gemüse auch Rapshonig, Brotaufstriche und Liköre und mehr. www.obstpalette-fehmarn.de

Anbl Verteil

Anbl
Tauchz 2   642

Anbl Tauchz 3
u wd Bug

U11 U-BOOT-MUSEUM FEHMARN /// BURGSTAAKEN 87 /// 23769 BURG ///
0 43 71 / 8 89 10 55 /// WWW.OSTSEE-U-BOOT.DE ///

U-BOOT AN LAND

U11 U-Boot-Museum Fehmarn, Burg

30

Wenn Sie das Museumsboot U11 im Erlebnishafen von Burgstaaken betreten, beginnt der Kurztrip in die Welt eines Unterseebootes. Sie erhalten einen Einblick, wie es sich wohl anfühlt, wenn man eine lange Zeit weit unter der Meeresoberfläche auf engstem Raum mit vielen Menschen verbringen muss. Bevor ich die U11 betrete, besuche ich das dazugehörige Museum, das viele interessante Informationen über die deutsche U-Boot-Flotte der Nachkriegszeit bereithält.

Beim Berühren eines Torpedos mag ich mir kaum vorstellen, was dieser anrichten könnte. Nachdem ich mich eine Weile lang mit Daten und Fakten befasst habe, möchte ich nun unbedingt das U-Boot betreten. Über eine der beiden außen angebrachten Metalltreppen erreiche ich das Innere des 43,50 Meter langen, 4,60 Meter breiten und 4 Meter hohen Bootes, das auf einem Gestell platziert wurde. Ein wenig bedrückend, diese Enge. Alles, was man zum einfachen Leben braucht, findet sich hier auf kleinstem Raum. Nichts ist überflüssig. In der kleinen Kombüse möchte ich nicht kochen müssen. Aber sie erfüllte ihren Zweck. Die Betten, an Ketten gelegt, damit sie am Tag hochgezogen werden konnten, sind nicht unbedingt als bequem zu bezeichnen. Es war mit Sicherheit nicht leicht, im Bauch des U-Bootes mit einem Team über einen längeren Zeitraum auszukommen. Dazu gehörte jede Menge Disziplin.

Spannend ist wieder der Blick auf die Torpedos, die bei Bedarf durch Rohre geschossen wurden. Gut ersichtlich von außen durch die weißen Umrandungen der zugehörigen Klappen am Bug der U11. Ein Highlight für alle Technikinteressierten sind auch der Motorenraum und die Kommandozentrale. Und wer viel Fantasie hat, kann mit der U11 auf Reisen gehen, ab in tiefe Gewässer, ab auf Tauchstation …

🖋 Besuchen Sie unbedingt das Kunst-Atelier Böse nahe dem Erlebnishafen. Die angeschlossene Galerie zeigt unter anderem sehenswerte Landschaftsmalereien und Fehmarnmotive. www.kunst-atelier-boese.de

ARWED EMMINGHAUS

SEENOTRETTUNGSMUSEUM FEHMARN /// BURGSTAAKEN 89 ///
23769 BURG /// WWW.SEENOTRETTUNGSMUSEUM-FEHMARN.DE ///

AN DIE KETTE GELEGT
Seenotrettungsmuseum Fehmarn, Burg

31

Die letzte Reise des Seenotrettungskreuzschiffes mit dem schönen Namen Arwed Emminghaus startete am 19. Oktober 2013 in Rostock und endete im Hafen von Burgstaaken, wohin es von den drei neuen Eignern überführt wurde. Es wurde nach dem Mann benannt, der maßgeblich daran beteiligt war, das organisierte Seenotrettungswesen in Deutschland zu gründen.

Jetzt, nach vielen Jahrzehnten, liegt das Schiff am Kai, oder besser gesagt, es steht auf einem extra angefertigten Gestell, vis-á-vis dem U-Boot U11. Das 26,66 Meter lange, 5,60 Meter breite Rettungsschiff mit einer Seitenhöhe von 2,36 Meter und einem Tiefgang von maximal 1,62 Meter wurde 1965 in Bremen-Vegesack getauft. Bis zu seiner Außerdienststellung 1993 wurde es zur Rettung von in Seenot geratenen Menschen eingesetzt. Seit 2014 können Sie sich im Hafen von Burgstaaken darüber informieren, was dieses Schiff seit seiner Schiffstaufe alles erlebt hat. Ein kleines vorgelagertes Museum, das unter anderem mit einem Kino und einer Kinderecke ausgestattet ist, liefert Ihnen allerlei spannende Informationen dazu.

Der Seenotrettungskreuzer war während seiner Nutzung mit einer vier Mann starken Mannschaft besetzt. Auf der geräumigen Brücke hat man einen guten Überblick. Die Geräte sind natürlich nicht mehr die jüngsten, aber übersichtlich angeordnet, was für mich als Inhaberin eines Sportbootsführerscheins besonders interessant ist. Hinter jeder Tür, die Sie im Inneren des Schiffes öffnen, verbirgt sich eine neue spannende Welt wie beispielsweise der Motorraum oder die Kajüten. Beeindruckend, dass die Besatzung dieses Schiffes vielen Hundert Menschen das Leben auf See gerettet hat. Als Bewohnerin der Insel bin ich stolz, dass die Arwed Emminghaus in Burgstaaken ein dauerhaftes Zuhause gefunden hat.

🞷 Genießen Sie nach Ihrem Besuch des Seenotrettungsmuseums von dessen Liegeplatz aus den Blick auf den Burger Binnensee mit Kohlhoffinsel, genannt »Möweninsel«, weil dort jede Menge Möwen rasten.

RESTAURANT LOTSENHUS /// BURGSTAAKEN 65 /// 23769 BURG ///
0 43 71 / 55 97 /// WWW.FEHMARN-LOTSENHUS.DE ///

DER FISCHKUTTER TÜMMLER LIEGT IM ERLEBNISHAFEN BURGSTAAKEN.
GEHEN SIE IM HAFEN RICHTUNG CAFÉ EL SOL, BURGSTAAKEN 85.
DER LETZTE STEG AUF DER RECHTEN SEITE IST DER LIEGEPLATZ DES
TÜMMLERS /// 01 71 / 9 91 68 22 /// WWW.GERTH-HANSEN.DE ///

IM WINTER FÄNGT ER FISCHE, IM SOMMER …

Fischkutter Tümmler, Burg

32

Am letzten Steg im Erlebnishafen Burgstaaken ist noch lange nicht Schluss. Dort liegt der rot-schwarze Fischkutter *Tümmler* von Gunnar Gerth-Hansen. Gemütlich dümpelt der 15 Meter lange und 4,80 Meter breite Fischtrawler mit einem Tiefgang von 2,20 Meter in den seichten Wellen des Hafenbeckens. Im Winterhalbjahr geht der *Tümmler* auf Dorschfang. Bei Gunnar Gerth-Hansen steht allerdings nicht nur der Fisch im Vordergrund. Er nimmt teil an einem Projekt des NABU, *Fishing for Litter*, bei dem »als Beifang« gefischter Plastikmüll an Land ordnungsgemäß entsorgt wird, um für eine saubere Ostsee und gesunden Fisch zu sorgen. Alle Achtung!

Aber das ist noch nicht alles. Von April bis Oktober, wenn der *Tümmler* nicht zum Fischen hinausfährt, bietet Gerth-Hansen Kutterrundfahrten, Brücken-, Piraten- und Fangfahrten mit dem 1983 gebauten Holzschiff an. Dann tuckert der 240-PS-starke Motor raus auf die offene See. Piratenfahrten sind ein Spaß für große und kleine Seefahrer, die geschminkt und mit Piratentuch ausgestattet mit ihrem Kapitän lautstark die Ostsee befahren.

Das Schönste für mich sind die Kuttertrauungen. Sooft ich auch schon als Gast dabei war, jede Eheschließung ist ein Highlight. Denn auf einem Fischkutter die Ringe zu tauschen, ist etwas sehr Besonderes. Im Ruderhaus des Schiffes findet die Trauung durch einen Standesbeamten statt. Anschließend wird, wenn das Brautpaar möchte, im Rahmen einer kleinen Zeremonie unter Glockengeläut des Kapitäns ein Hochzeitsstein im Meer versenkt. Da bleibt kein Auge trocken und kein Sektglas voll. Mit dem stets gut gelaunten Kapitän Gunnar Gerth-Hansen und seiner fröhlichen Crew auf die Ostsee hinauszufahren, ist immer ein Erlebnis. Egal zu welchem Anlass.

🐟 Kehren Sie nach einer zünftigen Kuttertour ins Restaurant Lotsenhus ein. Hier können Sie fangfrischen Fisch genießen, zum Beispiel den Burgstaakener Pannfisch. Mmh, lecker …

MIRELLAS HAIFISCHBAR /// HAFENSTRASSE 2 ///
23769 BURGSTAAKEN /// 0 43 71 / 8 76 29 ///
WWW.HAIFISCHBAR-FEHMARN.DE ///

Fragt man die Fischer oder die Angler, so gibt es kaum eine zweite Adresse, die dermaßen gern besucht wird. Die *Haifischbar* ist quasi ihr zweites Wohnzimmer. Direkt am Hafenbecken in Burgstaaken gelegen, leuchtet mir das große Schild über der Eingangstür förmlich entgegen. »Haifischbar«, steht dort in altdeutschen Lettern. Ich fühle mich angesprochen und trete ein. Es ist sehr gemütlich hier. Diverse Spiegel an den Wänden, zahlreiche Modellschiffe auf Regalen und direkt neben der Bar ein großes handgemaltes Bild, das einen riesigen Haifisch darstellt und fast die gesamte Wandfläche einnimmt. Daneben die Kommandobrücke, hinter der die Chefin Mirella Taraske nichts vermissen lässt. Sie und ihr Team bewirten die Gäste so nett, dass man das Gefühl hat, bei guten Freunden zu sein

Wer nicht am Tresen sitzen möchte, sucht sich einen der vielen Tische in den zwei Räumen aus. Die bieten Platz für gesellige Runden. Selbst einen Stammtisch gibt es hier noch. Na, da wird wohl so manches Seemannsgarn verarbeitet. Währenddessen ein frisch gezapftes Bier, damit die Kehle beim Reden nicht vertrocknet. Und wer Hunger verspürt, kommt auch nicht zu kurz. Auf der Speisekarte findet sich ein breites Angebot von der Fischsuppe über Steak bis hin zu Labskaus. Im Sommer, während der Fischmärkte in Burgstaaken, werden Fisch vom Grill, Scampi und Haxen serviert. Das alles mit Blick auf das Hafenbecken, in dem einige Kutter vor Anker liegen und große Frachter mit Getreide beladen werden. Während des alle zwei Jahre stattfindenden großen Hafenfestes geht in der Haifischbar die Post ab. Aber auch zu jeder anderen Zeit des Jahres lohnt sich ein Besuch.

🦈 Direkt vor der Haifischbar können Sie mit einem der großen Kutter zum Hochseeangeln auf die Ostsee rausfahren. Vorher unbedingt einen Platz reservieren bei der Reederei Thomas Lüdtke (04371/2149).

SPANISCHES TEMPERAMENT MIT HAFENBLICK
Café El Sol, Burgstaaken

Ein Spaziergang zum alten Fischereihafen gehört zu meinen Lieblingsbeschäftigungen. Dabei fällt mir das Café El Sol, das Pilar Schwenn 2013 eröffnete, schon aufgrund seiner perfekten Lage jedes Mal ins Auge. Der Blick von dort auf den Hafen sowie die Hafeneinfahrt mit den darin dümpelnden Fischerbooten und die Fehmarnsundbrücke ist unschlagbar. Bei schönem Wetter sitze ich gerne draußen, auf der windgeschützten, da komplett mit Glas umrandeten Terrasse des Cafés, lasse das Hafenflair auf mich wirken und genieße die Sonnenstrahlen im Gesicht. Da schmeckt der Kaffee gleich doppelt so gut. Und auch drinnen vermitteln bodentiefe Panoramafenster das Gefühl, irgendwo an der Côte d'Azur zu sein. Wo ist der Champagner? Ach wat, den braucht man im Café El Sol nicht.

Das Café ist modern und elegant eingerichtet. Alles wirkt ein wenig südländisch, und das ist kein Wunder, denn die Besitzerin Pilar Schwenn ist eine gut gelaunte Spanierin. Als Gast fühlt man sich richtig wohl hier, was auch an den Mitarbeiterinnen liegt, die mit guter Laune ihre Kunden umsorgen.

Im Eingangsbereich des Cafés warten zahlreiche leckere Torten und Kuchen darauf, vernascht zu werden. Die Stücke sind riesig und natürlich ist alles selbst gebacken! Wem mehr nach etwas Herzhaftem ist, der lässt es sich bei kleinen Snacks mediterraner Art gut gehen. Bei kaltem Wetter lockt die große Auswahl an Teesorten – 18 Stück bietet das Café an – und im Sommer verführen die köstlichen Eisbecher, Krokant ist mein Favorit. Und wer dann satt und zufrieden ist, lehnt sich einfach entspannt zurück, genießt den Ausblick und träumt von einer Reise mit einer der Yachten. Vielleicht an die Côte d'Azur …?

☞   Im Café El Sol trinkt man hausgemachte Gespritzte mit den ungewöhnlichen Namen *Uschi, Günter* oder *Pili.* Unbedingt probieren.

FISCHLÄDCHEN DER FISCHEREIGENOSSENSCHAFT BURGSTAAKEN ///
BURGSTAAKEN 81 /// 23769 BURGSTAAKEN /// 0 43 71 / 86 01 23 ///
WWW.FEHMARNFISCH.COM/FISCH-LAEDCHEN ///

Im Erlebnishafen von Burgstaaken gibt es einen Ort, den ich besonders liebe: das Fischlädchen der Fischereigenossenschaft. Es liegt mitten im Fischereihafen und bietet alles, was ein Leckermäulchen glücklich macht: von warmen Tellergerichten, zu denen mein Lieblingsessen Dorsch mit Bratkartoffeln gehört, bis hin zu knackigen Fischbrötchen. Da ist mein eindeutiger Favorit das Lachsbrötchen mit Meerrettich, bei dessen Genuss ich aus dem Schwärmen gar nicht mehr herauskomme. Zum Abendbrot vielleicht eine geräucherte Makrele? Ich nehme auf jeden Fall eine mit.

Im Fischlädchen können Sie aber nicht nur Fischgerichte und geräucherten Fisch erstehen, natürlich wird auch reichlich frischer Fisch zum Kauf angeboten, je nach Fangerfolg. Von Dorsch über Hering, Sprotte, Scholle, Flunder bis hin zu Aal ist in der Regel alles da, was die Ostsee so hergibt. In der Saison ist das Restaurant stets gut besucht und man muss ein wenig Glück haben, um einen freien Platz zu ergattern. Heute lasse ich mich auf einem Stuhl direkt am Fenster nieder, vor mir auf dem Teller Backfisch mit Kartoffelsalat. Mit Blick auf den maritimen Hafen, die kleinen Kutter und die Fischer, die fleißig ihre Netze flicken, schmeckt es mir noch einmal so gut. Und frischer geht es kaum. Der Fisch, der auf Ihrem Teller landet, kommt geradewegs aus der Genossenschaft, die ihre Fischhalle direkt hinter dem Fischlädchen hat.

Wer, nachdem sein Hunger gestillt ist, mehr über das Räuchern der Fische wissen möchte, kann nur ein paar Meter weiter in der Hafenräucherei, Fehmarns erster Schauräucherei, viel über die dahinterstehende Technologie erfahren. Gegessen wird das geräucherte Gut dann wieder im Fischlädchen. Einen geräucherten Aal sollten Sie sich auf jeden Fall gönnen. Guten Appetit.

🐟 Im Dunkelexperiment versetzen Sie sich in die Welt eines Blinden. Mithilfe eines Blindenstocks meistern Sie im geschützten Raum Alltagssituationen, ohne etwas zu sehen. www.dunkelexperiment.de

BLICK VON OBEN AUF DEN BURGER BINNENSEE MIT DER KOHLHOFFINSEL, UM DEN DER SPAZIERGANG FÜHRT. START VOM ERLEBNISHAFEN 23769 BURGSTAAKEN AUS. DER SPAZIERWEG IST ERREICHBAR ÜBER DEN DORTIGEN GROSSPARKPLATZ, FÜHRT IMMER AM WASSER ENTLANG UND ENDET AM YACHTHAFEN VON 23769 BURGTIEFE.

VON DER MÖWENINSEL UND MOTORBOOTEN
Spaziergang entlang des Burger Binnensees

36

Ein Spaziergang am Burger Binnensee entlang ist ein Muss für jeden Inselbesucher. Über den Großparkplatz des Kommunalhafens Burgstaaken, der sich gegenüber der Obstpalette befindet, erreichen Sie den Spazierweg Binnensee, der in einer guten halben Stunde am haffartigen See entlangführt und im Yachthafen Burgtiefe endet.

Der Binnensee ist, abgesehen von der Fahrrinne – logisch –, ziemlich flach. Einige kleine Boote liegen vor Anker und wiegen sich auf den sanften Wellen. Nach ungefähr 50 Metern komme ich an einem Holzpilz vorbei. Wer mit Kindern unterwegs ist, wird hier bereits eine Pause einlegen müssen, denn daneben befinden sich ein paar Spielgeräte. Aber das macht nichts. Als Erwachsener genießt man einfach die wunderschöne Natur, während die Kinder sich austoben.

Bis zur Hafeneinfahrt von Burgtiefe mit den bunt bemalten Häuschen der Surfschule Charchulla sind es von hier aus nur knapp 20 Minuten. Die Zeit vergeht schnell beim Genuss der schönen Ausblicke. Als Nächstes passiere ich die Kohlhoffinsel, von den Einheimischen auch »Möweninsel« genannt. Sie ist circa 4 Hektar groß und steht unter Naturschutz. Ein wahres Paradies für Zugvögel und brütende Möwen. Schließlich erreiche ich die Hauptstraße nach Burgtiefe und folge ihr bis zur Surfschule. Enten und Schwäne scheinen diesen Flecken Erde zu lieben, sitzen sie doch oft auf der vorgelagerten Rasenfläche. Nach weiteren Minuten sehe ich dann den Yachthafen von Burgtiefe vor mir. An den vielen Stegen inklusive dem Rundsteg liegen weiße Yachten und kleine Motorboote vor Anker, so weit das Auge reicht. Schlendern ist nun angesagt. Bald bin ich an meinem Ziel angekommen und rundum zufrieden. Was für ein schöner Spaziergang. Er wird Ihnen gefallen.

⌀ Kehren Sie ein in der *BillaBar*, am Yachthafen 20, direkt am Rundsteg. Hier genießen Sie neben Kaffee und Kuchen auch leckere Suppen und Snacks, mit Blick auf den Yachthafen.

WINDSURFING- UND SEGELSCHULE CHARCHULLA /// STRUKKAMPHUK ///
23769 BURGTIEFE /// 0 43 71 / 34 00 ///
WWW.SURF-CHARCHULLA-KITE.DE ///

WELTMEISTERLICHE TWINS

Windsurfing- und Segelschule Charchulla, Burgtiefe

37

Zwei, die man auf jeden Fall kennengelernt haben sollte. Vielleicht als Surfschüler oder zumindest bei einem Cocktail in der Karibik-Bar, die zur Surfschule Charchulla gehört.

Zwei, die sich nicht immer wortlos verstehen. Bei den Zwillings-brüdern Jürgen und Manfred, die gebürtig aus Ostpreußen stammen, in jungen Jahren zur See fuhren und seit den 70ern auf der Insel le-ben, geht es im Leben genauso turbulent zu wie auf ihren Surfboards. Die von Wind und Sonne gegerbten Gesichter der über 70-jährigen Charchulla-Brüder scheinen ständig zu lachen. Für einen Spaß sind die beiden immer zu haben. Sie sind Pioniere im Surfsport, gründe-ten die ersten Surfschulen wie auch Surfshops und sind bis heute, so macht es den Eindruck, mehr auf dem Wasser als an Land. Sie leben den Surfsport und lassen sich in keine Schubladen pressen. Das macht sie zu begehrten Gästen in vielerlei Talkshows. Und wenn sie nicht unterrichten, dann malen sie.

Betrachtet man die Surfschule von außen, erkennt man sofort die Sehnsucht nach der Karibik, die beide Brüder in sich tragen. Sprin-gende Delfine und riesige Palmen zieren deren Außenwände neben heimischen Motiven wie der Fehmarnsundbrücke. Ich kann mich an den farbenprächtigen Motiven, die man auch auf Leinwand kaufen und mit nach Hause nehmen kann, kaum sattsehen. Die Charchullas überwintern quasi in der Karibik und bringen im Frühjahr gute Laune und viele Ideen für ihre Malereien mit zurück nach Fehmarn.

Und die Charchullas sind noch facettenreicher: Wenn sie nicht surfen oder malen, dann musizieren sie. Mit ihren Steel Drums begeis-tern sie Insulaner und Feriengäste gleichermaßen. Genießen Sie einen Südseeabend bei Musik der *Steeltwins*, Caipirinha oder Engel-Keller-bier vom Fass und Seemannsgarn in der Karibik-Bar der Charchulla-Twins. Mehr Meer geht nicht.

✍ Genug der Theorie. Buchen Sie doch mal einen Kitekurs bei den Charchullas. Sowohl für Einsteiger als auch für Fortgeschrittene gibt es das passende Angebot.

DIE ARNE-JACOBSEN-SIEDLUNG IN 23769 BURGTIEFE LIEGT ETWA DREI KILOMETER VON BURG ENTFERNT. FAHREN SIE ÜBER DIE STRANDALLEE IN RICHTUNG BURGTIEFE/SÜDSTRAND. AM ENDE DER STRASSE KÖNNEN SIE AUF DEM PARKGELÄNDE KURZENTRUM, AUF HÖHE DER IFA-TÜRME, IHREN WAGEN ABSTELLEN.

DÄNISCHE VERGANGENHEIT
Arne-Jacobsen-Siedlung, Burgtiefe

38

Der 1902 in Kopenhagen geborene Architekt und Designer Arne Jacobsen schuf auf der Insel etwas, was nicht unbedingt jedermanns Geschmack trifft: die nach ihm benannte Ferienwohnsiedlung auf der Halbinsel Burgtiefe. 1965 gewann der Architekt mit seinem Entwurf einen Ideenwettbewerb, in den 70er-Jahren wurde die Arne-Jacobsen-Siedlung dann gebaut. So richtig einfügen in die wunderschöne Natur der Tiefehalbinsel wollen sich die vielen Ferienwohnungen und Häuser allerdings nicht. Bewohner und Besucher von Fehmarn haben sich zwar an den Anblick gewöhnt, trotzdem sind die Anlagen mehr zweckmäßig als schön.

Am meisten scheiden sich die Geister bei den drei hohen IFA-Türmen, die sich kantig am Südstrand erheben und nicht zu übersehen sind. Auch sie sind Teil der Arne-Jacobsen-Siedlung und wurden von dem dänischen Architekten geplant. Wenn Sie aus dem etwa drei Kilometer entfernten Burg kommen, sehen Sie die weiß gestrichenen, fensterlosen Rückseiten der Türme, die die Namen »Stockholm«, »Kopenhagen« und »Berlin« tragen, schon von Weitem. Nichts weist darauf hin, dass sich darin Appartements für Urlaubsgäste befinden. Ganz anders ist die Sichtweise, wenn man eine der vielen Ferienwohnungen südlicher Ausrichtung bewohnt: Der fantastische Blick auf die Ostsee ist wirklich einzigartig. Ein 180-Grad-Panorama. Das gibt es sonst nirgends auf Fehmarn. Da vergisst man die kantige, funktionale Hülle der Bauten.

Mittlerweile ist die Siedlung mit IFA-Türmen, Kurmittelhaus, Meerwasserwellenbad, Ferienhäusern und Wohnungen unter Denkmalschutz gestellt. Wenn das der Architekt noch miterlebt hätte. Er verstarb 1971 in Kopenhagen.

✐ Unbedingt auf der Besichtigungstour einen leckeren Quark aus Beate Lübberts Quarkeria holen, direkt am Kurzentrum Südstrand. Gibt keinen Besseren.

MEERWASSER-ERLEBNISBAD FEHMARE /// ZUR STRANDPROMENADE 6 ///
23769 BURGTIEFE /// 0 43 71 / 88 99 60 /// WWW.FEHMARE.DE ///

Es gibt Tage, an denen mag man nicht in der Ostsee baden. Vielleicht ist es zu windig oder zu kalt. Vielleicht ist es einfach nicht die passende Jahreszeit, um ins Meer zu springen. Zum Glück bietet Fehmarn da eine herrliche Alternative für Sie: das Meerwasser-Wellenbad *FehMare*, direkt am Eingang zum Südstrand gelegen. Das große Gebäude mit der modernen, verglasten Front fällt sofort ins Auge. Es ist durch einen Übergang mit dem eigentlichen Meerwasserwellenbad verbunden, das vom dänischen Architekten Arne Jacobsen entworfen wurde. Von außen sichtbar ist die Wasserrutsche, die ins Innere des Meerwasser-Wellenbades führt. In der lichtdurchfluteten Badewelt können Sie auf über 4.500 Quadratmetern ganzjährig ein Bad im wohlig warmen Meerwasser genießen und zugleich den wahrhaft einmaligen Blick auf das Meer auf sich wirken lassen. Sie werden es lieben, sich von den stündlich wiederkehrenden Wellen durch das Meerwasser treiben zu lassen, gegen die Brandung anzuschwimmen und dabei die Ostsee stets im Blick zu haben.

Das *FehMare* hat aber noch mehr zu bieten als das Meerwasserbecken. Im neueren Teil können Sie im kaskadenförmigen Warmbecken oder dem Whirlpool entspannen, und für die Kleinsten wird ein Planschbecken mit verschiedenen Wasserspielzeugen geboten. Wem das immer noch nicht reicht, der hat die Möglichkeit, im warm temperierten Außenbecken ein paar Runden zu drehen oder die 70 Meter lange Wasserrutsche hinunterzurasen. Zu rasant? Ruhe und Entspannung verspricht die Saunalandschaft im oberen Bereich des Gebäudes mit Blick auf die Ostsee. Eine Auszeit im Dampfbad oder in der Wanne für zwei? Und zum Abschluss eine Massage oder eine pflegende und wohltuende Kosmetikbehandlung? Im *FehMare* bleiben keine Wünsche offen.

☞ Wenn der Hunger nach so viel Aktivität über Sie hereinbricht, gönnen Sie sich in der Burger Station im Obergeschoss des *Feh-Mare* eine leckere Stärkung, mit Blick auf das Meer.

DIE STATUENGRUPPE NAMENS STRANDMÄDCHEN BEGEGNET IHNEN AUF
IHREM SPAZIERGANG ENTLANG DER SÜDSTRANDPROMENADE VON
BURGTIEFE. DEN PROMENADENWEG ERREICHEN SIE, INDEM SIE ZWISCHEN
DEM FEHMARE UND DEN IFA-TÜRMEN HINDURCHGEHEN UND SICH LINKS
RICHTUNG MEESCHENDORF HALTEN.

DÜNEN, COCKTAILS, DRACHEN
Spaziergang an der Südstrandpromenade

40

Drei Kilometer von Burg entfernt liegt der Südstrand. Er ist bei jedem Wetter Anziehungspunkt für Touristen und Fehmaraner gleichermaßen. Gehen Sie durch den Eingangsbereich des Südstrandareals, zwischen dem *FehMare* und den IFA-Türmen hindurch. In Letzteren befindet sich das *Vitarium*, eine »Erlebniswelt unter Glas«, die mehrere Bistros, Restaurants und Geschäfte beherbergt. Rechts von Ihnen erstrecken sich die Dünen und dahinter wartet das blaue Meer. Halten Sie sich links und folgen dem gut ausgebauten Promenadenweg nach Meeschendorf, an dem ESCHES Strandbistro liegt, dem Sie unbedingt einen Besuch abstatten sollten.

Bis Meeschendorf beträgt die Entfernung gut 2,4 Kilometer, die in etwa einer halben Stunde zurückgelegt werden können. Wenn Ihnen das zu weit ist, schlendern Sie einfach zwischen den Dünen hindurch zum Strand hinunter und zurück. Wer Lust hat, kann die Promenade noch in der anderen Richtung bis zur Mole erkunden. Sie werden dabei eine kleine Bäckerei und einen Eisladen passieren. Der Spaziergang führt Sie weiter Richtung Viersternehotel Bene, das moderne Zimmer mit Meerblick anbietet. Wenn Sie mit Kindern unterwegs sind, können sich diese am Spielplatz austoben, an dem Sie als Nächstes vorbeikommen.

Am Südstrand finden im Sommer nicht nur die Drachentage mit Shows von Groß- und Lenkdrachen sowie vielen weiteren Attraktionen statt, sondern auch Stand-Up-Paddeling-, Kite -und Surfwettbewerbe, die Jahr für Jahr zahlreiche Besucher auf die Insel ziehen. Seit 2016 wird hier auch der Kitesurf World Cup veranstaltet. Und das Ende des Jahres feiern Tausende an diesem Strandabschnitt mit einem beeindruckenden Feuerwerk. Ein schöner Ort, um einen tollen Tag am Meer ausklingen zu lassen.

🍽 Speisen mit direktem Blick auf die Ostsee im gemütlichen Restaurant Windrose. www.windrose-ifa.de.

DIE MOLE BURGTIEFE ERREICHEN SIE AM BESTEN ZU FUSS. STELLEN SIE IHR AUTO AUF DEM PARKPLATZ DES WENDEHAMMERS DER STRASSE AM YACHTHAFEN AB. VON DORT AUS SIND ES 500 METER ÜBER EINEN SANDWEG AM WASSER DIREKT AN DER HAFENEINFAHRT ENTLANG BIS ZUR MOLE.

SCHIFF AHOI ...
Mole Burgtiefe

41

Der Wind weht mir die Haare aus dem Gesicht, als ich vom Ende der Promenade Richtung Mole den kleinen Holzsteg zum Strand hinuntergehe. Wow, was für ein Ausblick. Wenn ich nach rechts schaue, liegt die Fahrrinne zum Hafen nach Burgstaaken direkt vor mir. Ein Zweimaster kommt von See und tuckert mit ungefähr drei Knoten langsam, angetrieben von Motorkraft, in die Fahrrinne. Wie Perlen an einer Schnur reihen sich kleine und große Schiffe nebeneinander auf, und es wundert mich jedes Mal, dass keiner den anderen rammt. Gefährliche Überholmanöver gibt es selten, und wenn, dann sind Hupkonzert und wilde Gesten der genötigten Schiffseigner vorprogrammiert. Im Allgemeinen halten sich Segler und Motorbootler an die Regeln der öffentlichen Wasserverkehrswege.

Der Blick von der Mole aus ist wirklich einmalig. Stellen Sie sich unten an den Saum des Ufers und genießen Sie ein paar ruhige Minuten. Zur Linken sehen Sie den weitläufigen Strandabschnitt Burgtiefe. Angedeutet im Hintergrund die Promenade mit ihren Geschäften und Ferienhäusern. Ganz weit weg die drei weißen IFA-Türme . Direkt vor meinen Füßen liegen, als Barriere zur Fahrrinne, Steine aufgehäuft, die noch aus Zeiten der Steinfischerei Ende des 18. Jahrhunderts stammen. Sie dienen zur Molen- und Uferbefestigung. Die vom Grund hervorgeholten, zum Teil riesigen Findlinge wurden von sogenannten »Steinschlägern« zerkleinert und verbaut.

Nun aber zurück zur Mole. Zu Ihrer Rechten sehen Sie die Fehmarnsundbrücke und den Camping- und Ferienpark Wulfener Hals. Der frische Wind, die Boote, ab und zu eine Möwe – noch lange keine Lust zu gehen? Setzen Sie sich einfach auf die Steine und sehen Sie dem gemütlichen Treiben noch eine Weile länger zu.

✐ Auch für Action ist an der Mole gesorgt. Liefern Sie sich auf dem Beachvolleyballfeld, vor dem *Café Sorgenfrei* im Dünenweg, einen privaten Wettkampf mit Familie und Freunden. Bringt riesigen Spaß.

CAFÉ SORGENFREI /// DÜNENWEG 43B /// 23769 BURGTIEFE ///
WWW.CAFE-SORGENFREI.DE ///

DER NAME IST PROGRAMM
Café Sorgenfrei, Burgtiefe

42

Wenn Sie mit dem Auto unterwegs zum *Sorgenfrei* sind, lassen Sie es am besten auf den Parkplätzen am Wendehammer von Burgtiefe stehen. Denn das Café ist nur zu Fuß zu erreichen. Vom Wendehammer aus führt ein circa 500 Meter langer Spazierweg direkt an der Hafeneinfahrt entlang bis zum Café. Ursprünglich war in dem Gebäude die DGzRS (Deutsche Gesellschaft zur Rettung Schiffbrüchiger) beheimatet, doch schließlich fand das *Sorgenfrei* seine Heimat in dem Haus am Strand. Hier segeln Yachten, tuckern Fischkutter und Motorboote jeglicher Größe und Couleur zum Greifen nah an den Gästen vorbei. Dank bodentiefer Fenster kann man selbst bei nicht so gutem Wetter vom Café die Aussicht genießen. Bunte Bilder an den Wänden und leise Loungemusik sorgen für eine angenehme Atmosphäre. Und auch kulinarisch werden keine Wünsche offengelassen: Im Café mit Selbstbedienung gibt es von Kuchen über Torten und Quarkspeisen alles, was das Herz begehrt.

Wenn Sie lieber draußen sitzen: Machen Sie es sich auf der geräumigen Außenterrasse bequem. Auf der Westseite reichen deren Holzstufen bis hinunter zur Steinmole, auf denen es sich an lauschigen Abenden herrlich sitzen lässt. So versäumen Sie nichts vom regen Schiffsverkehr der ein- und ausfahrenden Boote. Wenn am Abend im Westen die Sonne langsam untergeht und vereinzelt noch ein paar Schiffe im goldenen Licht vor sich hin treiben, schmecken Cocktail oder Wein noch einmal so gut. Ein wahres Highlight sind die legendären Vollmondabende im Café, an denen oft Livemusik zur Unterhaltung der Gäste geboten wird.

Ansonsten geht es im *Café Sorgenfrei* sehr entspannt zu. Genießen Sie traumhafte Ausblicke auf das Meer und lassen Sie sich von der Wohlfühlatmosphäre verzaubern. Hier lässt man die Seele baumeln. Hier ist man einfach sorgenfrei.

🕮   Das *Café Sorgenfrei* hat von Frühjahr bis Herbst geöffnet.

ZWEI ENTEN VOR DER BURGRUINE GLAMBECK

HALTEN SIE SICH AM EINGANG ZUM SÜDSTRAND IN 23769 BURGTIEFE
RECHTS. GEHEN SIE ZWISCHEN FEHMARE UND TOURISMUSINFORMATION
HINDURCH, NACH UNGEFÄHR 50 METERN ERREICHEN SIE DIE BURGRUINE.

Im Süden der Halbinsel Burgtiefe befindet sich das wohl geschichtsträchtigste Gemäuer der Insel, die Burgruine Glambeck. Die mittelalterliche Niederungsburg wurde vom Dänenkönig Waldemar II. 1210 erbaut. In den darauffolgenden Jahrhunderten erlebte sie heftigste Kämpfe zwischen dem dänischen Königreich und den Holsteinfürsten. Im Dreißigjährigen Krieg wurde sie bis auf ein paar Gemäuerreste zerstört. Bis dahin war sie der wohl wichtigste Schauplatz der Inselgeschichte, bedenkt man die strategisch sehr gute Lage über dem Belt nach Skandinavien. Hart umkämpftes Territorium.

1420 hatte der Dänenkönig Erik von Pommern es sich zum Ziel gesetzt, die Burg einzunehmen. Nachdem der Angriff zweimal von den Holsteingrafen abgewehrt wurde, gelang der dritte Landeversuch. Der Holsteingraf Adolf VIII. bat 1426 die Vitalienbrüder, eine Gruppe von Seefahrern, ihm zu helfen, die stark befestigte Burg Glambeck zurückzuerobern. Das Vorhaben gelang, und so lebten die Vitalienbrüder auf der Burg bis zu deren Verpfändung an die Stadt Lübeck 1435. 1628 zerstörte König Christian IV. Glambeck endgültig bei dem Versuch, die Burg einzunehmen. Die Backsteine, aus denen Glambeck bestand, wurden abgetragen und als Baumaterial eingesetzt, die letzten Reste der Ruine verschwanden im Laufe der Jahre unter Flugsand. Erst eine verheerende Ostseesturmflut im Jahr 1872 spülte diese wieder frei.

Auch wenn außer den Grundmauern von der Burg nichts mehr zu sehen ist, lohnt sich ein Besuch. Lassen Sie Ihrer Fantasie freien Lauf und reisen Sie gedanklich zurück in die Zeit der Holsteingrafen, während Sie die Reste der geschichtsträchtigen Anlage entlangschreiten. Lassen Sie sich anziehen von der Magie alter Steine, die viele hundert Jahre eine große Rolle auf der Insel spielten.

🖉   Am Südstrand, im Dünenweg 43a, können Sie sich im Imbiss Kussmann nach dem Ausflug ausgiebig stärken. Mein Lieblingsessen, je nach Witterung: Schoko-Walnuss-Kuchen oder Selleriesuppe.

BEGINNEN SIE DEN SPAZIERGANG DURCH DEN YACHTHAFEN BURGTIEFE AN DESSEN MOLE. PARKEN SIE AM ENDE DER STRASSE AM YACHTHAFEN AM WENDEHAMMER UND BEGEBEN SICH RECHTS IN DAS YACHTHAFENGELÄNDE.

WWW.YACHTHAFEN-BURGTIEFE.DE ///

HAFEN MIT RUNDBLICK
Spaziergang am Yachthafen Burgtiefe

44

Kommen Sie aus Richtung Burg nach Burgtiefe, können Sie die weißen Masten schon von Weitem blitzen sehen. Der Yachthafen ist belegt mit Schiffen aller Größen und Farben. Parken Sie Ihr Auto am besten am Ende von Burgtiefe am Wendehammer und beginnen dort den Spaziergang, der etwa eine halbe Stunde dauert, direkt an der Mole. Diese als solche ist schon sehenswert. Der Spazierweg führt Sie durch den gesamten Hafen. Vorbei am Rundsteg, einer kreisförmigen Bootsanlegestelle, auf den fünf weitere Stege folgen, die an aneinandergereihte Streichhölzer erinnern. Direkt dahinter dümpeln Hausboote auf dem Wasser. Ferienhäuschen. Näher kann man wohl kaum am Meer Urlaub machen.

Vom Yachthafen können Sie bis rüber zum Kommunalhafen mit seinem U-Boot und dem Seenotrettungskreuzer blicken. Auch die St.-Nikolai-Kirche ist von hier aus gut wahrzunehmen. Auf der rechten Seite fällt eine Reihe maritim gestalteter Häuser auf, die das bisher vorherrschende 70er-Jahre-Flair hinter sich gelassen haben und die neue moderne Richtung des Hafens deutlich machen. Ein paar Meter weiter steht das neue Yachthafen-Servicegebäude. Genau gegenüber befindet sich eine Tankstation für Schiffe. Drei rot-weiße Tanksäulen, die an die frühen 50er-Jahre erinnern und nach wie vor genutzt werden. Mein Blick fällt auf den hohen Kran, der im Frühjahr und Herbst die vielen Schiffe ins Wasser oder wieder heraushebt. Wenn man die Gelegenheit hat, dabei zuzusehen, sollte man sie nutzen. Das macht nicht nur Kindern Spaß. Haben Sie die Surfschule Charchulla erreicht, sind Sie am Ende unseres Spaziergangs am Yachthafen angelangt. Erfrischen Sie sich bei einem Cuba Libre in der Bar der Charchulla Brüder, direkt in der Surfschule.

🛥 Einmal auf dem Hausboot Urlaub machen? Im Yachthafen von Burgtiefe haben Sie die Möglichkeit, Hausboote vor Anker etwas näher zu betrachten, bevor Sie sie dann bei einem der verschiedenen Anbieter mieten.

EIN BISSCHEN SÜDOSTROMANTIK
Scheune auf Gut Staberhof

45

Acht Kilometer sind es etwa von Burg aus nach Staberdorf. Von der Teerstraße aus führt eine kleine Abzweigung nach rechts zum Gut Staberhof – Vorsicht, leicht zu übersehen. Es handelt sich um einen Privatweg, und wenn Sie sich die berühmte Barockscheune auf dem Gut ansehen wollen, müssen Sie Ihr Auto auf dem Parkplatz beim Marinestützpunkt Staberhuk abstellen. Dieser liegt direkt am Ende der Straße auf der linken Seite. Die Eigentümer möchten nicht, dass der Privatweg mit Pkw befahren wird, die nicht zum Haus gehören. Sind Sie mit dem Fahrrad unterwegs, ist das überhaupt kein Problem.

Das Gut Staberdorf liegt inmitten eines idyllischen Landschaftsschutzgebietes an der Südostspitze der Insel. Der Privatweg führt bis zum Leuchtturm Staberhuk, eine wunderschöne Strecke für eine Radtour. Wenn Sie die alte Pappelallee entlangfahren, kommen Sie am einzigen größeren Wald auf Fehmarn vorbei, dem circa 5,5 Hektar großen Staberholz. Steigen Sie ab und gehen Sie durch den Wald bis zur Steilküste. Traumhafter Blick.

Haben Sie den denkmalgeschützten Staberhof erreicht, empfängt Sie ein besonders schönes Gebäude, die Scheune Staberhof aus dem 19. Jahrhundert. Den Maler Ernst Ludwig Kirchner muss sie genauso fasziniert haben wie mich heute, denn er hat sie in Öl auf Leinwand gebannt. Während seiner Zeit auf der Insel, in den Sommermonaten der Jahre 1908 und 1912 bis 1914, besuchte er oft die Küste von Staberhuk und auch das Gut Staberhof. Das Gemälde *Gutshof auf Fehmarn* ist eines seiner bekanntesten und hängt heute in der Hamburger Kunsthalle. Wenn ich eine Radtour nach Staberdorf unternehme, halte ich jedes Mal an der Scheune, sehe nachdenklich das Barockgebäude an und stelle mir vor, wie Kirchner seinerzeit hier gestanden und ebenso andächtig die Scheune betrachtet haben muss.

✍ Machen Sie Urlaub auf dem Staberhof. Sechs Ferienwohnungen verschiedener Größe laden zum Verweilen auf dem malerischen Gut ein.

DER GEWICHTSANTRIEB FÜR DIE UMLAUFBLENDE DES LEUCHTTURMES
STABERHUK (BIS 1974 IN BETRIEB). DAS LEUCHTFEUER AM SÜD-
ÖSTLICHEN HUK DER INSEL IST NUR MIT DEM FAHRRAD ODER ZU FUSS
ZU ERREICHEN: ÜBER DEN PRIVATWEG ZUM STABERHOF ODER ENTLANG
DER STEILKÜSTE VON DER MARINESTATION STABERHUK AUS.

STURMERPROBTES LEUCHTFEUER

Leuchtturm Staberhuk

46

Am südöstlichen Huk der Insel trotzt der Leuchtturm Staberhuk allen Wettern, um Schiffe sicher durch den Sund und den Belt zu leiten.
Dieser Leuchtturm hat eine optische Besonderheit, die ihn von anderen immens unterscheidet. Betrachten Sie die Steine des 1903 erbauten Leuchtturmes. Dass er rund gebaut wurde, ist nichts Besonderes.
Dass er allerdings ein Kleid aus zweifarbigem Mauerwerk sein eigen
nennt, ist weltweit einzigartig. Der gelbe Sandstein auf der Westseite
des Turmes hielt der ständig wechselnden Witterung nicht stand und
wurde deshalb teilweise durch rote Backsteine ersetzt. So entstand
das einmalige Aussehen des Leuchtfeuers.

Einige Jahre lang konnte auf dem Turm geheiratet werden, da der
Flügger Leuchtturm, auf dem das sonst möglich ist, renoviert wurde.
Bei diesen Gelegenheiten konnte man einen Blick auf die große, guss-
eiserne englische Laterne in dessen Innern werfen, die bis 1902 den
Helgoländer Leuchtturm zierte. Aktuell darf der Leuchtturm Stabe-
rhuk leider nicht betreten werden, sondern nur von außerhalb des
Grundstücks betrachtet werden, doch selbst das ist lohnenswert.

Der außergewöhnliche Leuchtturm übte auch auf den Maler
Ernst Ludwig Kirchner eine große Anziehungskraft aus. Von 1912 bis
1914 verbrachte er die Sommermonate im Leuchtturmwärterhäuschen und bannte seine expressionistischen Motive auf die Leinwand.
Ich sehe ihn förmlich auf dem kleinen Vorsprung am oberen Teil der
Steilküste, der sich auf dem Grundstück des Leuchtturms befindet,
und am Strand vor seiner Staffelei sitzen und Ideen für seine Gemälde
einfangen. Lassen auch Sie sich treiben, atmen Sie die frische Seeluft,
bestaunen die Farben des Turmes und träumen von der Helgoländer
Gaslaterne mit ihrem immerwährenden Feuer.

✐ Machen Sie einen Spaziergang auf dem Ernst-Ludwig-Kirchner-Weg entlang der Ostküstenpromenade. Er beginnt am Parkplatz der Marinestation Staberhuk oberhalb der Steilküste und
endet am Fischerweg in Katharinenhof.

WO WINDBEUTEL ZU STURMSÄCKEN WERDEN

Allee-Café, Katharinenhof

47

Katharinenhof liegt im Osten der Insel und ist mit dem Auto von Burg aus in circa zehn Minuten zu erreichen. Hier befindet sich, der Name verrät es, das Allee-Café Katharinenhof. Fahren Sie die wunderschöne Allee entlang, an der das Café liegt, die sich im Sommer dank der dicht bewachsenen Linden zu einem grünen Tunnel verwandelt. Das Café gehört zum Hof Fleth und wurde liebevoll ausgebaut und eingerichtet. Die bunten Bodenfliesen stammen aus Spanien, und auch sonst versprüht das Café mediterranes Flair.

Setzen Sie sich an einen der hübsch gedeckten Tische und werfen Sie einen Blick auf die wechselnden Bilder an den Wänden, die während verschiedener Ausstellungen gekauft werden können. Überall sind liebevoll Accessoires drapiert, die den Gast sich wohlfühlen lassen. Das Angebot auf der Karte ist reichhaltig und bringt meine Augen zum Leuchten. Von leckeren Suppen, belegten Broten bis hin zur Landküche, die nach Lust und Laune der Chefin zubereitet wird, ist alles vorhanden. Die Auswahl an selbst gemachten Kuchen ist vielfältig und köstlich, auch gluten- und laktosefreie Sorten sind darunter. Der absolute Hammer sind die Windbeutel, die auf der Insel in dieser Art wohl einmalig sind. Mal herzhaft mit Frischkäse und Lachs gefüllt, mal mit viel Sahne und Früchten der Saison. Sie sind dermaßen groß, dass ich sie glatt als »Sturmsäcke« bezeichnen würde. Bevor Sie sie verzehren, wird Ihnen ein übergroßes Lätzchen gereicht, damit der Inhalt der prall gefüllten Leckerei nicht im Eifer des Gefechts auf Ihrer Kleidung landet.

Damit die Kleinen sich nicht langweilen, gibt es rund um das Allee-Café jede Menge Platz zum Toben auf einem Kinderspielplatz. Währenddessen können es sich die Erwachsenen im gemütlichen Außenbereich gut gehen lassen, in dem man, Omas Garten gleich, entspannt relaxen kann.

🎁 Die außen am Haus angebrachten Regale bieten viele nette Geschenkideen und Mitbringsel für die Zuhausegebliebenen – oder vielleicht doch für Sie selbst?

DER ALVERSTEEN LIEGT AM DEICH ZWISCHEN GOLD UND STRUKKAMP. ER IST GUT ZU ERREICHEN ÜBER EINEN WANDERWEG ENTLANG DER KÜSTE VON 23769 ALBERTSDORF AUSGEHEND. DER WEG IST GUT AUSGESCHILDERT.

GROSSE BROCKEN
FRÜHZEITLICHER GESCHICHTE

Großsteingrab Alversteen, Albertsdorf

48

Ein Ausflug nach Albertsdorf versetzt mich regelmäßig in die Vergangenheit, genauer gesagt in die Jungsteinzeit. Denn mein liebster Spazierweg von dem kleinen Ort aus führt mich, in etwa einem Kilometer Entfernung, zu einer etwa 5.500 Jahre alten Megalithanlage, dem Alversteen, auch »stot Havmann« genannt. Sie ist im Südwesten der Insel gelegen, unweit vom Deich zwischen Gold und Strukkamp.

Ein Hünengrab auf Fehmarn zu finden ist nicht ganz leicht. Früher waren zahlreiche Megalithgräber auf der Insel vorhanden, da sie jedoch die Landwirte bei der Arbeit störten, wurden viele der zum Teil riesigen Findlinge abtransportiert und als Baumaterial verwendet. Steine waren auf Fehmarn ansonsten rar. Vor ein paar Jahren entdeckte ich schließlich dieses jahrtausendealte Großsteingrab, den Alversteen, der mich bis heute sehr beeindruckt. Fast verwunschen liegt er da, zwischen Sträuchern und Bäumen auf einem Hügel unweit der Küste.

Der Alversteen ist das am besten erhaltene, früheste Steingrab der Insel, auch Dolmen genannt, jedoch auch verhältnismäßig klein. Er wurde unter anderem deshalb so gut bewahrt, weil er den Schiffen bei ihrer Einfahrt in den Sund als Orientierungspunkt diente, bis im Jahr 1896 der Leuchtturm Strukkamphuk errichtet wurde. Heute ist er von der Seeseite her nicht mehr sichtbar und steht unter Denkmalschutz. Der Alversteen besteht aus einem Deckstein sowie vier Tragsteinen an den Längsseiten. Der Erdhügel, der die Steine einst bedeckte, wurde abgetragen. Sie finden den Alversteen in unmittelbarer Nähe zum Strand auf einer leichten Anhöhe, wie bei Großsteingräbern üblich. Eine Zeitreise der besonderen Art.

🖋 Von Burg kommend, befindet sich an der Hauptstraße von Albertsdorf auf der linken Seite ein Dodelstein. Diese Steine kennzeichneten, mit Symbolen oder Runen versehen, die Grenzen von Grundstücken.

ZUM NATURSTRAND VON 23769 KATHARINENHOF FOLGEN SIE DER SACKGASSE IN RICHTUNG CAMPINGPLATZ OSTSEE KATHARINENHOF. NACH 350 METERN ERREICHEN SIE DIE STEILKÜSTE.

STRANDSPAZIERGANG MIT EISZEITFLAIR

Naturstrand Katharinenhof

49

Eine Sackgasse, die etwa 300 Meter vom alten Museum Katharinenhof entfernt, auf halbem Weg zum Campingplatz von Katharinenhof, rechts von der Straße abgeht, führt uns zur Steilküste an Fehmarns Ostseite. In allen möglichen Blautönen schimmert die Ostsee durch dichtes Baumwerk hindurch, und man weiß, dass man sich unweit des Meeres befindet. Das Rauschen der Brandung, die sich unmittelbar hinter dem grünen Kleid erahnen lässt, erklärt den Sog, den dieser Strand auf Naturliebhaber ausübt. Wenn Sie die ungefähr sieben Höhenmeter über einen schmalen Kiesweg überwunden haben, erreichen Sie den Naturstrand. Dann öffnet sich der Vorhang, und Sie überkommt plötzlich das Gefühl, Sie würden sich in einer anderen Epoche befinden. Denn hier hat die letzte Eiszeit unübersehbare Schätze zurückgelassen: Findlinge in jedweder Größe, wohin das Auge reicht.

Der Naturstrand ist nicht der beste Ort für einen Tag im Meer, denn das Baden ist aufgrund der vielen Steine, die sich natürlich auch im Wasser befinden, ziemlich beschwerlich. Zum Sonnenbaden und Träumen ist er allerdings wie geschaffen. Eingerahmt wird er von sturmzerzausten Bäumen, die mit der Steilküste verschmolzen zu sein scheinen. Surreal die riesigen Baumwurzeln, die wie knochige Finger, von Wind und Stürmen herausgearbeitet, nach den Besuchern greifen.

Der Strandabschnitt führt Sie linker Hand an flachem Sandstrand vorbei Richtung Klausdorf. Rechter Hand erscheint, wenn Sie Findlinge und Baumwurzeln hinter sich gelassen haben, an der südöstlichen Spitze die Steilküste Staberhuk mit dem gleichnamigen Leuchtturm. Wenn Sie Glück haben, finden Sie während des Spaziergangs vielleicht einen der begehrten Bernsteine, die noch viel, viel älter sind als die Findlinge am Strand von Katharinenhof.

🐚 Ein toller Ort für den Abschluss des Spaziergangs ist das etwa einen Kilometer entfernte Restaurant Waldpavillon (Katharinenhof 28). Die schöne Außenterrasse mit Steilküstenblick lädt zum Verweilen ein.

ADVENTURE-GOLF FEHMARN /// HAUS NUMMER 39 ///
23769 MEESCHENDORF /// 0 43 71 / 8 88 85 74 ///
WWW.ADVENTURE-GOLF-FEHMARN.DE ///

GOLFEN ZWISCHEN LEUCHTTURM UND BRÜCKE
Adventure-Golf Fehmarn, Meeschendorf

50

Zwischen Meeschendorf und Staberdorf, auf einer Anhöhe zur Linken, liegt die Adventure-Golf-Anlage von Familie Sporleder. Ein Riesenspaß für Groß und Klein. Anziehungspunkt für alle, die Minigolf einmal anders kennenlernen möchten. Jede der 18 Bahnen stellt den Besucher mit einer außergewöhnlichen Idee vor eine neue Herausforderung.

An einem Hindernis spiele ich den Ball quasi in unser Nachbarland Dänemark, indem ich ihn über die geplante, in Miniaturform dargestellte *Feste Fehmarnbeltquerung* schanze. Allerdings haben sich die Betreiber dabei für die zwischenzeitlich verworfene Brückenlösung entschieden statt des nun angedachten Tunnels. Bei einer anderen Bahn steht ein Leuchtturm im Zentrum. Schön sieht er aus mit seinen rot-weißen Streifen. Weiter geht es Richtung Tunnelbahn. Kinder sind hier klar im Vorteil, haben sie doch die Möglichkeit, durch den Tunnel hindurchzulaufen. Ich muss einen kleinen Umweg über die Außenbande in Kauf nehmen. Aber dann habe ich die Gelegenheit zu zeigen, was ich kann. Vor einer etwa zwei Meter hohen Erhebung stelle ich mein Geschick unter Beweis. Doch Vorsicht, sollte der Schlag misslingen und der Ball landet nicht oben, müssen Sie noch einmal von vorn beginnen.

Bei meiner liebsten Bahn steige ich auf ein Surfbrett. Es ist nicht so leicht, das Gleichgewicht geschickt auszubalancieren, aber ja, es klappt und mein Ball findet den Weg ins Loch. Danach brauche ich erst mal eine kleine Erfrischung und habe Glück: Beim nächsten Hindernis muss ich mich durch Wasserfontänen bewegen, bis der Ball nach mehreren Schlägen schließlich in der Vertiefung verschwindet. Was für ein Spaß! Übrigens: Die Ostsee haben Sie beim Adventure-Golf immer im Blick, aber lassen Sie sich nicht zu sehr ablenken, sonst verpassen Sie den Sieg …

☞ Nach dem Spiel lockt das Café der Adventure-Golf-Anlage, wo Sie es sich mit herrlichem Blick aufs Meer bei Kaffee und Kuchen gut gehen lassen können.

TIERISCHES BEGRÜSSUNGSKOMITEE
Hofcafé & Hofladen Klausdorf

51

Auf dem Hof von Familie Lafrenz tauchen Sie ein in das moderne Landleben der Insel. Schon der Empfang ist besonders, wenn eine Ziege Sie mit lautem Gemecker begrüßt. Sie ist Teil des Kleintiergeheges des Hofcafé Klausdorf. Wenn Mama und Papa sich dann ins neu gebaute, lichtdurchflutete Café begeben, können die Kids draußen herumtollen, Kaninchen, Ziegen und Ponys streicheln. Oder es bleiben alle zusammen draußen, wenn bei gutem Wetter die großzügige Terrasse lockt.

Sämtliche angebotenen Kuchen und Torten stellt das Team des Hofcafé in der eigenen Backstube her, und wenn Sie Glück haben, können Sie die Mitarbeiter durch ein großes Schaufenster bei der Arbeit beobachten. Aber nicht nur die Mohn-Sahnetorte mit Kirschen und Marzipan oder die Hoftorte sind klasse. Auch der in das Hofcafé integrierte Hofladen bietet Gästen allerhand Gutes von Land und Insel, das meiste aus eigener Herstellung. Fruchtaufstriche, Sanddornprodukte und Liköre sind darunter. Nicht zu vergessen der aromatische Rapshonig und die vielen guten Fleisch- und Wurstprodukte vom Schwein.

Schweine spielen auf dem Hof von jeher eine große Rolle. Inhaber Nico Lafrenz züchtet die Tiere seit vielen Jahren. 2014 entschloss er sich, den modernen Rassen der Vierbeiner den Rücken zu kehren und sich auf zwei alte zu konzentrieren. Es handelt sich dabei zum einen um die älteste englische Edelschweinrasse, Berkshire genannt, und zum anderen um deutsche Sattelschweine. Beide Rassen zeichnen sich durch qualitativ besonders hochwertiges und geschmackvolles Fleisch aus. Bei der Aufzucht der Tiere wird Wert auf artgerechte Bedingungen gelegt, was sich im Geschmack widerspiegelt. Wer kein Fleisch essen will, genießt einfach die verschiedenen Rohmilchkäsesorten bei einem leckeren Frühstück im Café oder auch zu Hause. Na dann … guten Appetit!

☞ Im Hofladen werden Rapskissen angeboten, die ich nur empfehlen kann. In der Mikrowelle erwärmt, sind sie bei Verspannungen und vielerlei Schmerzen wohltuend.

ZUM NATURSTRAND KLAUSDORF FAHREN SIE DURCH KLAUSDORF AM KLAUSDORFER HOFCAFÉ VORBEI, NEHMEN SIE DIE ERSTE STRASSE RECHTS RICHTUNG STRAND, NACH DER ERSTEN GABELUNG HALTEN SIE SICH DANN LINKS. VOM HOFCAFÉ BIS ZUM STRAND SIND ES KNAPP 1,5 KILOMETER.

Die Insel hat viele schöne Seiten, doch die Ostküste mit ihren Naturstränden liebe ich besonders, allen voran den Naturstrand in Klausdorf. Die Strände sind flach abfallend und man kann hier, gerade wegen der geringen Wassertiefe, besonders gut mit Kindern einen wundervollen Tag am und im Meer verbringen. Was stören da schon ein paar Steine im flachen Gewässer? Kinder lieben diese Seite der Küste. Nur den Sonnenschirm und die Sonnenschutzcreme, die sollten Sie besser nicht vergessen. Die frische Brise, die hier meist herrscht, täuscht, sodass schon zahlreiche Besucher nach einem sonnenreichen Tag an der Steilküste mit Sonnenbrand in ihr Feriendomizil zurückgekehrt sind.

Ein schönes Bonbon am Naturstrand Klausdorf habe ich erst vor Kurzem entdeckt. Wenn Sie sich oberhalb des Strandes auf dem Parkplatz befinden, halten Sie sich rechts, auf dem Spazier- und Fahrradweg Richtung Katharinenhof. Nach ungefähr 70 Meter steht sie, eigentlich gar nicht zu übersehen: die Aussichtsbank von Klausdorf. Sicher haben Sie bei Ihren Inselausflügen bereits die eine oder andere Bank gesichtet, die zum Verweilen einlädt. Doch diese ist wirklich einmalig. Nicht nur durch ihre tolle Lage, sie hat zudem noch eine außergewöhnliche Eigenschaft: Die mehr als einen Meter breite Aussichtsbank ist drehbar, sodass Sie immer die aktuelle Ausrichtung dieses Liegeplatzes wählen können, ganz wie Ihnen beliebt. Auf der Bank haben locker zwei Personen Platz. Machen Sie es sich bequem und folgen Sie der Sonne oder genießen Sie den Blick auf die Ostsee oberhalb der Steilküste. Ja, da fällt es manchmal schon schwer, sich zu entscheiden. Ein traumhafter Ort, um die Seele baumeln zu lassen.

✍ Hungrig nach einem langen Strandtag? Das Restaurant Meeresbrise Fehmarn befindet sich ganz in der Nähe auf dem Campingplatz Klausdorf.
restaurant-meeresbrise-fehmarn.business.site

ST.-JOHANNIS-KIRCHE /// BÜRGERMEISTER-SCHEFFLER-STRASSE 18 ///
23769 BANNESDORF /// 0 43 71 / 33 41 ///

DIE KLEINSTE DER INSELKIRCHEN
St.-Johannis-Kirche, Bannesdorf

53

Auf einer kleinen Anhöhe steht sie, umgeben vom Friedhof. Die kleinste der vier historischen Kirchen auf Fehmarn, die St.-Johannis-Kirche. Das einschiffige Gotteshaus wurde im 13. Jahrhundert erbaut und hat ein besonderes Merkmal: Es verfügt über einen vorgesetzten hölzernen Glockenturm, der als Eingangsportal genutzt wird. 1927 brannte der Turm nieder und wurde wieder neu aufgebaut. In ihm hängt die viertälteste Glocke Schleswig-Holsteins.

Wenngleich die Bannesdorfer Kirche nicht sonderlich imposant daherkommt, so empfängt sie ihre Besucher mit einem außergewöhnlichen Innern. Alles wirkt ein wenig verträumt und zart. Wie die Marcussen-Orgel in sanften Grüntönen. Die pastelligen warmen Farben finden sich im gesamten inneren Bereich. Auffällig sind die sogenannten Logen, die im Feldsteinbau vorn im Gotteshaus angebracht sind. Auf diesen reich verzierten und ebenfalls in warmen Farben gehaltenen Hochstühlen, die aus dem 18. Jahrhundert stammen, durften nur ausgewählte Bannesdorfer Familien während der Gottesdienste Platz nehmen.

Der Großteil des Kirchenschiffs ist ausgefüllt von graublau gestrichenen Holzbänken, die sich hervorragend in die Kirche einpassen und zum stillen Gebet einladen. Fast rustikal erscheinen dagegen das 1240 auf Gotland angefertigte Taufbecken aus Stein wie auch das gotische Wandgemälde im Chor, der sich durch einen gotischen Spitzbogen vom restlichen Innenraum abhebt. Doch trotz des kleinen Bruchs fügen sich auch Taufbecken und Gemälde in die historischen Räumlichkeiten. Ebenso wie die kleine Kanzel im Kirchenschiff, die erst auf den zweiten Blick ins Auge fällt. Die kleinste Kirche Fehmarns ist wirklich ein besonderes Gotteshaus, dessen verträumte Atmosphäre Sie unbedingt selbst genießen sollten.

🖋 Der nahe gelegene Gasthof Meetz in Bannesdorf im Kirchenstieg 12 verwöhnt seine Gäste mit gutbürgerlicher Küche. Im Winter sorgt ein Kachelofen für eine gemütliche Atmosphäre. www.gasthof-meetz.de

IN PUTTGARDEN VON DER DORFSTRASSE AUS RICHTUNG BURG IN DEN
MARIENLEUCHTER WEG EINBIEGEN. DIESER FÜHRT ZUM LEUCHTTURM
MARIENLEUCHTE.

AUS ALT MACH NEU
Leuchtturm Marienleuchte

54

Der Leuchtturm Marienleuchte im Nordosten der Insel ist wirklich etwas Besonderes, denn hinter diesem Namen verbirgt sich nicht nur ein Turm, nein, gleich zwei Türme werden damit bezeichnet. Der alte Turm, quadratisch und aus gelbem Klinkerstein, wurde 1831/32 gebaut. Benannt wurde er nach der dänischen Königin Marie Sophie Frederikke von Hessen-Kassel, die bei seiner Einweihung anwesend war – die Insel gehörte damals zu Dänemark. Zu sehen ist dies heute noch an dem königlich-dänischen Wappen, das auf der Südseite des Turms prangt. Der alte Leuchtturm steht unter Denkmalschutz, und es wirkt, als würde er fast unter der Last der Jahre zusammenbrechen. Einzig gehalten von zwei Flügelbauten, die ihn links und rechts zu stützen scheinen. Aus Sicherheitsgründen darf er nicht mehr betreten werden, doch auch von außen ist er sehenswert.

Der alte Turm wurde 1967 außer Dienst gestellt, da er aufgrund des zunehmenden Schifffahrtaufkommens nicht mehr ausreichte, und durch den bereits 1964 erbauten neuen Turm ersetzt, circa 160 Meter vom Standort des alten entfernt. Der neue Leuchtturm übernahm neben der Funktion als Quermarken- und Orientierungsfeuer der Schiffe im Fehmarnbelt auch den Namen »Marienleuchte«. Gebaut aus Stahlbeton und zum Schutz gegen Witterung mit rot-weißen Hartfaserzementplatten verkleidet, ist er mehr funktionell als schön. Mit dem alten Turm hat er nur die Linsenoptik aus dem Jahr 1875 gemein, die beibehalten wurde.

Dem alten Turm scheint nun noch mal ein neues Leben geschenkt zu werden. Das seit Jahren zum Kauf stehende Areal mit den Leuchttürmen wurde veräußert, die Investoren planen dort ein Ausstellungs- und Informationszentrum, wofür der alte Leuchtturm von Grund auf saniert werden soll. Hoffen wir, dass uns der alte Turm noch lange erhalten bleibt!

🐚 Gehen Sie vom Leuchtturm aus über den Marienleuchter Weg und Rethen bis zum Naturstrand von Marienleuchte (etwa 600 Meter). Dort können Sie sich auf die Suche nach Hühnergöttern und Donnerkeilen machen.

MOLE PUTTGARDEN /// FÄHRHAFENSTRASSE /// 23769 PUTTGARDEN ///

DIE WEISSEN RIESEN ZUM GREIFEN NAHE
Mole Puttgarden

55

Schon von Weitem erkenne ich den Scandlines-Fährhafen, als ich in den Hafen Puttgarden einbiege. Auf einem nahe gelegenen Parkplatz lasse ich meinen Wagen stehen und gehe los in Richtung Mole. Dieser circa 200 Meter lange, auf Findlingen aufgebaute geteerte Damm beginnt am Deich und endet an der Ein- und Ausfahrt des Hafens. Der Weg bis zum Molenkopf ist nicht sehr breit und erscheint mir ellenlang zu sein. Schaut man links und rechts über die Kante zum Meer hinunter, sieht man unter sich riesige Steine. Das Wasser ist klar und wirkt fast ein wenig karibisch, wenn die Lichtverhältnisse stimmen.

Ein paar Menschen sind hier immer unterwegs, weil es etwas Besonderes ist, bis zum Ende der Mole zu laufen, um den Fähren beim Ein- und Ausfahren zuzuwinken. Gerade verlässt eine große Hybridfähre den Hafen, was keine Überraschung ist, denn Scandlines besitzt weltweit die größte Flotte an Fähren mit diesem Antrieb. »Prinsesse Benedikte«, was für ein schöner Name für ein Schiff. Nur eine Armlänge entfernt gleitet es leise, abgesehen vom sonoren Brummen der Motoren, an mir vorbei. Hinaus auf das offene Meer auf dem rund 20 Kilometer langen Weg nach Rødby in Dänemark.

Alle 30 Minuten verlässt eine der Fähren Puttgarden in diese Richtung und erreicht nach 45-minütiger Überfahrt Rødbyhavn. Die Mole von Puttgarden ist ein Publikumsmagnet, denn die Möglichkeit, dermaßen nah an einen dieser weißen Riesen zu kommen, während er in Bewegung ist, hat man sonst eher selten. Auch ich bin regelmäßig hier. Fernweh schleicht sich ein, als mir mal wieder bewusst wird, wie dicht Fehmarn vor den Toren Dänemarks liegt. Ich blicke auf die Ostsee und stelle mir vor, an Bord eines dieser Schiffe zu sein und auf die unendliche Weite des Meeres hinauszufahren.

🕊 Übrigens: Auch wenn es verlockend ist, das Angeln ist auf der gesamten Mole verboten. Stattdessen können Sie am Marienleuchter Naturstrand angeln.

FÄHRHAFEN PUTTGARDEN /// FÄHRHAFENSTRASSE ///
23769 PUTTGARDEN ///

GRENZVERKEHR DER SONDERKLASSE
Fährhafen Puttgarden

56

Auf dem Weg entlang der Vogelfluglinie, der direkten Verbindung zwischen Kopenhagen und Hamburg, kommt man am Fährhafen Puttgarden nicht vorbei. Wer von Fehmarn nach Dänemark reisen möchte, dem bleibt keine Alternative, als von Puttgarden aus mit der Fähre zu fahren. Und auch für einen Tagesausflug lohnt es sich, das Schiff in Richtung des 19 Kilometer entfernten Rødby zu besteigen. Dann sollten Sie allerdings Ihr Auto mitnehmen, um die Sehenswürdigkeiten der dänischen Insel Lolland, auf der Rødby liegt, erkunden zu können, wie zum Beispiel den Knuthenborg Safaripark oder die Runensteine im Südwesten. Die Hafenstadt selbst bietet wenig Sehenswertes.

Es ist immer wieder faszinierend zu beobachten, wie viele Fahrzeuge aller Herren Länder im Bauch eines Fährschiffes verschwinden oder wie ein nicht abreißen wollender Strom dieses wieder verlässt. Im Winter weniger, im Sommer mehr. Seit den Eröffnungen von Fährhafen, Fährbahnhof und Brücke 1963 hat sich der Tourismus auf der Insel gewaltig verändert und mit ihm der Verkehrsfluss. Der Verkehr vom Festland auf die Insel nahm zu, zudem wurde damit die kürzeste Verbindung auf dem Seeweg Richtung Skandinavien geschaffen, die dementsprechend stark genutzt wird.

Die Fahrt mit einer der Fähren ist ein Highlight jedes Urlaubs, und auch ich nutze mindestens einmal im Jahr die Gelegenheit, um das Gefühl von Freiheit an Deck zu genießen. Im Inneren der Fähre wird für Ihr leibliches Wohl gesorgt und Sie können ein wenig shoppen gehen. Genießen Sie bei Sonnenschein die Überfahrt auf einem der Decks und lassen Sie sich den Wind um die Nase wehen. Wäre es nicht traurig, wenn ein Tunnel, wie er für die Beltquerung geplant ist, dieses Stückchen Glück und Freiheit ersetzen würde? Meine Antwort fällt eindeutig aus: Ja, definitiv!

☞ Setzen Sie nach Rødby über mit einem der weißen Riesen. Abfahrt von Puttgarden alle 30 Minuten. Den Ausweis nicht vergessen. Buchen Sie Ihr Ticket unter 03 81 / 77 88 77 66. www.scandlines.de

ZUR GEDENKSTÄTTE PETER-UND-PAUL-KAPELLE NEHMEN SIE DIE
STRASSE NAMENS STRANDWEG VOM ZENTRUM PUTTGARDENS AUS
RICHTUNG STRAND. BIEGEN SIE LINKS AB IN DEN OP-DE-WEI-WEG UND
FOLGEN DEM WIRTSCHAFTSWEG BIS ZUM ORTSRAND.
NACH 1,2 KILOMETER ERREICHEN SIE DIE GEDENKSTÄTTE.

PILGERN UND GEDENKEN
AUF DER VIA SCANDINAVICA

Gedenkstätte Peter-und-Paul-Kapelle, Puttgarden

57

Das erste erwähnte Gotteshaus der Insel ist die Peter-und-Paul-Kapelle nahe dem Strand von Puttgarden. Erbaut wurde sie um 1198 auf Bitten des Papstes Zölestin III. und auf Weisung des dänischen Herrschers Knud VI. Sie diente von da an, bis zur Reformation, als Wallfahrtsort für Reisende, die auf ihrem Weg von der dänischen Insel Lolland über den Belt auf die Insel Fehmarn kamen. Die Menschen dankten ihrem Herrgott dafür, dass sie die Überfahrt unbeschadet überstanden hatten. Diese war damals mit kleinen Booten sehr beschwerlich und endete nicht immer glücklich. Die Reisenden brachten Dankopfer und legten diese in einen Opferstock aus Eiche, den Strandblock, der unmittelbar vor der Kapelle am Strand stand.

Im Jahr 1644 wurde die Peter-und-Paul-Kapelle komplett zerstört. Sie wurde von schwedischen Kriegsschiffen beschossen und dem Erdboden gleichgemacht. Wo genau die Kapelle stand, lässt sich nur vermuten. Beschrieben wird, dass sie sich ungefähr 300 Meter vom Strand entfernt befunden haben soll.

Heute erinnern eine kleine Schutzhütte mit einem Glockenturm und ein Gedenkstein an das Bauwerk. Das Kreuz auf dem Stein zeigt in der Mitte zwei Schlüssel, das Symbol des heiligen Petrus. Daneben, nicht zu übersehen, ein schlichtes Holzkreuz. Die Schutzhütte lädt zum Verweilen ein und wird, anstelle der Peter-und-Paul-Kapelle, als Pilgerort auf dem Pilgerweg *Via Scandinavica* genutzt. Auf einer Gedenktafel werden Pilger und Besucher über die Geschichte der Peter-und-Paul-Kapelle informiert. Der Opferstock existiert übrigens heute noch und steht in der St.-Jürgen-Kapelle im Kapellenweg.

> ⚑ Wandern Sie auf dem Pilgerweg *Via Scandinavica* von Puttgarden bis Lübeck. Der Pfad ist gekennzeichnet durch eine gelbe Muschel. Weitere Informationen beim Burger Umweltrat (04371/506654).

FAHREN SIE VON PUTTGARDEN RICHTUNG GAMMENDORF UND FOLGEN
DANN DER BESCHILDERUNG ZUM BADESTRAND GRÜNER BRINK.
IN JOHANNISBERG BIEGEN SIE RECHTS AB NACH KRUMMENSIECK UND
AM DEICH WIEDER RECHTS. AM ENDE DER STRASSE ERREICHEN SIE DEN
PARKPLATZ GRÜNER BRINK, VON DEM AUS SIE DAS NATURSCHUTZGEBIET
ERKUNDEN KÖNNEN.

Der Grüne Brink ist ein fantastisches Kleinod der Insel. Vom gleichnamigen Parkplatz aus können Sie das 134 Hektar große Gebiet, das sich über eine Fläche von 2,5 Kilometer erstreckt, herrlich erkunden. Es steht seit 1938 unter Naturschutz und wird vom NABU (Naturschutzbund Deutschland e. V.) betreut. Und es ist wirklich sehenswert. Eine Oase an der Nordküste, drei Kilometer westlich vom Fährhafen Puttgarden gelegen.

Wenn Sie über den Deich Richtung Ostsee schauen, sehen Sie eine Besonderheit des Grünen Brinks: die drei Strandseen. Nach einer schweren Sturmflut im Jahr 1872 errichtete man besagte Deiche, die auch am Grünen Brink die Strömungsverhältnisse veränderten. Langsam entwickelten sich Nehrungshaken, also schmale Landzungen, die Richtung Festland wuchsen und so die drei Strandseen entstehen ließen. Die nahezu unberührte Natur ist wunderschön, nicht nur der Mensch fühlt sich hier wohl. Auch für viele Wasservogelarten ist der Grüne Brink ein wahres Paradies, da sie in dieser Gegend ungestört brüten können.

Um die Strandseen herum gibt es gut ausgeschilderte Wege, die Sie durch das Naturschutzgebiet führen. Vom Parkplatz Grüner Brink sind es etwa 2,4 Kilometer bis zum Niobe-Denkmal am Gammendorfer Strand, das an ein 1932 gesunkenes Schulschiff erinnert. Unterwegs wird Ihnen die sich verändernde Natur auffallen. Eben noch maritim, hat man plötzlich das Gefühl, man befände sich mitten in der Lüneburger Heide. Birken, Heidekraut und Waldgebiet. Wenn Sie sich vom Niobe-Denkmal am Strand zurück Richtung Puttgarden bewegen, können Sie das Naturschutzgebiet noch einmal von der Seeseite her bewundern. Mehrere Schilder entlang der Strecke erklären ausführlich das gesamte Areal. Für mich ist es ein immer wiederkehrendes Muss, mir eine Auszeit im Grünen Brink zu nehmen.

🗡 Bestimmt begegnen Sie dem Rothalstaucher bei Ihrem Besuch im Grünen Brink. Der gute Schwimmer und Taucher ist das Wahrzeichen des Naturschutzgebiets und fühlt sich hier besonders wohl.

DAS NIOBE-DENKMAL BEFINDET SICH AM GAMMENDORFER STRAND. FOLGEN SIE IN 23769 GAMMENDORF DER BESCHILDERUNG RICHTUNG DENKMAL. DIE LETZTEN METER VOM PARKPLATZ ZUM STRAND MÜSSEN SIE ZU FUSS GEHEN.

UNTERGANG DURCH WEISSE BÖ

Niobe-Denkmal, Gammendorfer Strand

59

An der Nordküste der Insel, nahe dem Naturschutzgebiet Grüner Brink, liegt der Gammendorfer Strand. Zu meiner Rechten erstreckt sich das Naturschutzgebiet, direkt vor mir der Fehmarnbelt. Dort steht ein schlichter weißer Mast aufgerichtet gen Himmel, der aussieht, als würde er von Tauwerk festgehalten, damit der Wind ihn nicht umpustet. Was natürlich ein Trugschluss ist. Fest verankert in einem Zementsockel erhebt er sich, warnend, aufrecht wie ein Fingerzeig. Der Stamm ist ein Mastteil des gesunkenen Segelschulschiffes Niobe. Davor, auf einem Zementsockel, befindet sich ein großer, mit einer Inschrift versehener Findling als Gedenkstein. Die Zeilen sind den Verstorbenen des am 26. Juli 1932 gesunkenen Schulschiffes Niobe gewidmet.

Niobe ging nur ungefähr 800 Meter vor der Küste unter, in Sichtweite zum Festland. Eine unvorhersehbare Gewitterböe, eine sogenannte Weiße Bö, brachte das Schiff, welches sich unter vollen Segeln auf einer Ausbildungsfahrt von Kiel zum polnischen Swinemünde befand, in kürzester Zeit zum Sinken. Da das Wetter freundlich schien und kein Unwetter angekündigt war, waren alle Luken und Bullaugen des Schiffes geöffnet, was letztendlich mit zu der Tragödie direkt vor dem Gammendorfer Strand führte. 69 Tote, von denen 50 später geborgen und 19 für immer auf See verschollen blieben, und 40 Überlebende bildeten das trostlose Ende der Ausbildungsfahrt.

Am 15.10.1933 wurde das Niobe-Denkmal feierlich enthüllt. Seitdem wird jedes Jahr am Tag des Unterganges ein Kranz niedergelegt. Beim Betrachten des Denkmals überkommt mich ein beklemmendes Gefühl, und trotzdem bin ich gerne hier, um den vielen Menschen zu gedenken, die in Ausübung ihrer Pflicht den Tod fanden.

✍ Am Niobe-Denkmal befindet sich das gleichnamige Restaurant, wo traditionelle Küche mit exotischen Ideen verbunden wird. Reservierung unter: 0172/445 95 30.
restaurant-cafe-bar-niobegammndorp.business.site

FAHREN SIE VOM ORTSKERN VON 23769 WESTERMARKELSDORF AUF DER
STRASSE NAMENS WESTMARKELSDORF IN RICHTUNG GLEICHNAMIGEM
PARKPLATZ DIREKT AM STRAND, WO SIE IHR AUTO ABSTELLEN.
HALTEN SIE SICH RECHTS (BLICKRICHTUNG MEER) UND FOLGEN DEM
FUSSWEG BIS ZUM LEUCHTTURM WESTERMARKELSDORF
(ETWA 10 MINUTEN GEHZEIT).

VANILLETURM MIT ERDBEERHUT HINTERM DEICH
Leuchtturm Westermarkelsdorf

60

Wenn Sie im Sommer Lust auf eine Wanderung haben, dann sollten Sie auf dem Deich aus Richtung Teichhof nach Westermarkelsdorf gehen. Die Strecke umfasst ungefähr 3,4 Kilometer. Umgeben von grasenden Schafen erwartet Sie auf dem Deichwanderweg ein grandioser Ausblick auf die Kopendorfer Au, Fehmarns einziger Süßwasserbach, den nördlichen Binnensee, den Salzensee sowie natürlich die Ostsee, bis Sie schließlich das erdbeerrote Dach des Leuchtturms Westermarkelsdorf sichten.

Umgeben von so viel Natur erinnert mich der Weg zum Leuchtfeuer von »Wester«, wie die Fehmaraner Westermarkelsdorf gerne nennen, ein wenig an die Niederlande. Ja, Sie haben richtig gelesen, die Niederlande. Zwar steht hier keine Windmühle, aber die Kopendorfer Au vermittelt das Gefühl, Sie befänden sich an einer der zahlreichen Grachten in unserem Nachbarland. Idylle pur! Mähende Vierbeiner, grüner Deich und blaues Meer … und vor Ihnen der Westermarkelsdorfer Turm mit seinem leuchtenden Dach, der älteste Leuchtturm der Insel, dessen Signal weit hinaus auf die offene See strahlt. Hier möchte ich am liebsten nie wieder weg.

Um dem zunehmenden Schiffsverkehr gerecht zu werden, wurde der ursprünglich 10 Meter hohe Turm 1902 auf 17,7 Meter erhöht. Als Orientierungs- und Warnfeuer weist er an der Nordwestecke der Insel den Schiffen seit jeher den Weg in den Belt. Der Westwind fegt dem achteckigen Bauwerk alle naselang um die Ohren, und so ist es kein Wunder, dass der cremefarbene Turm sich lieber ein sicheres Plätzchen direkt hinterm Deich suchte, als sich dem Wind vollständig auszusetzen. Vom Deich aus sehen Sie bei passendem Wind die Wellenreiter und Angler, die sich keinen schöneren Flecken Natur für die Ausübung ihres Hobbys hätten aussuchen können. Und auch ich genieße die Umgebung in vollen Zügen während meines Spaziergangs.

☞ Wenn die Füße noch nicht stillstehen wollen, gehen Sie weiter zum nördlichsten Punkt der Insel, dem Westermarkelsdorfer Huk. Sie liegt etwa zwei Kilometer vom Leuchtturm entfernt.

DER WESTERMARKELSDORFER STRAND MIT ALTEM MESSPEGEL IST VOM ORTSKERN VON 23769 WESTERMARKELSDORF CIRCA EINEN KILOMETER ENTFERNT. FOLGEN SIE DER STRASSE NAMENS WESTMARKELSDORF IN RICHTUNG GLEICHNAMIGEM PARKPLATZ DIREKT AM STRAND.

SCHIEFER TURM VON WESTER

Westermarkelsdorfer Strand mit altem Messpegel

61

Unweit des Leuchtturms von Westermarkelsdorf überrascht Sie ein schönes Stück Naturstrand. Es macht riesigen Spaß, dort entlangzugehen und den Surfern bei ihren akrobatischen Darbietungen zuzusehen. Von Kiten, Windsurfen bis zu Wellenreiten ist alles dabei. Der Strand von Westermarkelsdorf ist eines der Eldorados für Wassersport – man nennt die Insel nicht umsonst das »Hawaii des Nordens«.

Aber nicht nur die aktiven Sportler kommen auf ihre Kosten. Durch Wind und Brandung an der Westküste wird der Grund aufgespült und somit auch Wattwürmer, die Fische anlocken. So ziehen Angler oft Stunde um Stunde am Strand von Westermarkelsdorf entlang und versuchen ihr Glück. Manche Meerforelle hat sich hier schon am Haken eines Petrijüngers wiedergefunden. Und auch wenn der eine oder andere Haken im Kraut verfangen am Grund der Ostsee zurückblieb; nichts hält einen Angler davon ab, sein Glück aufs Neue zu probieren. Setzen Sie sich einfach zu mir auf den Deich und beobachten die ruhigen Angler und im Kontrast dazu die Surfer mit ihren akrobatischen Kunststücken.

Wenn Sie Ihren Blick ein wenig über das bunte Treiben am Strand schweifen lassen, werden Sie in den Fluten den schiefen Turm von Westermarkelsdorf entdecken. Was nach meinem Empfinden einer riesigen Schraube ähnelt, entpuppt sich bei näherer Betrachtung als alter Pegelmesser. 1930 wurde er vom Treibeis aus seiner festen Verankerung im Meeresgrund gelöst, was ihn in diese missliche Schieflage brachte. In früheren Jahren wurde er oft als Ziel für eifrige Schwimmer in Anspruch genommen, heute hat man das Gefühl, er verschwindet immer mehr im Meer. Und es ist bei den zum Teil starken Strömungsverhältnissen ohnehin nicht ratsam, sich schwimmend zum Pegel zu begeben. Sie sollten die Ostsee niemals unterschätzen.

☞ Der perfekte Ort, um den Tag ausklingen zu lassen. Nehmen Sie sich eine Decke und vielleicht ein Glas Wein mit, schauen auf die Wellen und genießen den Sonnenuntergang …

AUSSICHTSPLATTFORM /// WESTERMARKELSDORFER HUK ///
23769 FEHMARN ///

DIE SCHATZKAMMER /// ALTENTEIL 3 /// 23769 FEHMARN ///
0 43 72 / 6 39 ///

BURG MIT WEITBLICK
Aussichtsplattform am Westermarkelsdorfer Huk

62

Was war ich erstaunt, als ich an einem schönen Sommertag, vom Parkplatz des Campingplatzes Fehmarnbelt kommend, Richtung Strand marschierte. Ich war auf dem Weg in einen Teil des großen Naturschutzgebietes *Nördliche Seeniederung Fehmarn*, das sich von Bojendorf bis Puttgarden zieht, als ich schon von Weitem die neue Aussichtsplattform sah. Dieser Strandabschnitt im Nordwesten ist weitläufig; feiner weißer Sand und Dünen begleiten einen wunderschönen Spaziergang. Ich liebe diese Landschaft um das Westermarkelsdorfer Huk, die von den Haffseen, Schilf und Feuchtwiesen umgeben ist. »Huk« bedeutet so viel wie »Haken«. Also der Haken, der Nord- und Westküste verbindet.

Der kürzeste Weg führt über den Campingplatz. Sie laufen ungefähr zehn Minuten, bis Sie die Aussichtsplattform erspähen. Bereits auf den ersten Blick wird man belohnt: Ein großartiges zweistöckiges Bauwerk erstreckt sich vor Ihnen auf dem Deich. Die Plattform steht seit Ende 2016 auf Stahlpfeilern am Huk, überwiegend aus Holz errichtet, gegen Wind und Wetter stabil geschützt.

Hui, das ist ganz schön hoch! Wie ich gelesen habe, steht die Konstruktion ungefähr drei Meter über dem Boden. Was für ein fantastischer Blick bietet sich von diesem Aussichtspunkt. Sensationell! Schöne Fotos sind bei tollem Wetter garantiert! Hätte ich einen Stuhl dabei … Mir fehlt ein wenig eine Sitzmöglichkeit. Aber was nicht ist, kann ja noch werden …

Mit dem Auto erreichen Sie die Plattform aus Richtung Teichhof. Einen Parkplatz gibt es vor dem Deich zum Campingplatz. Zu Fuß oder mit dem Rad geht es von hier aus quer über das Campingareal, das am Deichstück zum Strand endet. Ein Fernglas ist unabkömmlich, damit man die Schönheit der Natur mit all ihren Facetten erfassen kann.

   Bei der Rücktour Richtung Altenteil kehren Sie unbedingt in der *Schatzkammer* ein. In der alten Scheune finden Sie unter all dem Kunsthandwerk, Glas, Keramik, Schmuck und Wohntextilien sicherlich ein schönes Mitbringsel.

NABU-WASSERVOGELRESERVAT WALLNAU /// WALLNAU 4 ///
23769 FEHMARN /// 0 43 71 / 10 02 /// WWW.WALLNAU.NABU.DE ///

Ein erlebnisreicher Tag erwartet Sie im weitläufigen Vogelparadies Wallnau, an der Westküste der Insel. Es liegt direkt hinter dem Deich, hinter dem übrigens der einzige natürliche Süßwasserbach Fehmarns, die Kopendorfer Au, verläuft. Bringen Sie genügend Zeit mit, wenn Sie das Reservat besuchen. Denn um zu sehen, was hier an Flora und Fauna in der absoluten Stille der Natur geboten wird, reicht eine kurze Stippvisite nicht aus.

Das Vogelreservat ist eines von drei Naturschutzgebieten Fehmarns mit rund 300 Hektar Land. 1976 erwarb der NABU (Naturschutzbund Deutschland e. V.) das Areal und betreut es seitdem hervorragend. 10 Hektar der wundervollen Landschaft dürfen von Gästen besucht werden. Etwa 80 Vogelarten ziehen in diesem Schutzgebiet ihre Jungen groß und genießen die ungestörte, nahrungsreiche Landschaft. Doch nicht nur Vögel haben hier ihren Rastplatz und ihre Heimat gefunden. Auch Amphibien und Insekten umlagern die Teiche im Naturschutzgebiet und selbst Bienen hört man summen, wenn nicht gerade irgendwo eine Kröte quakt. Sogar Füchse schleichen manches Mal über das Gelände.

Aber das alles ist nichts gegen die ungefähr 270 Vogelarten, die in Wallnau regelmäßig gesichtet werden, weil sie das Vogelreservat als Rastplatz während ihrer weiten Touren benutzen. Steigen Sie auf den 12 Meter hohen Aussichtsturm, legen Sie sich auf die Lauer und beobachten Sie die Vögel. Ist Ihnen das nicht genug, lernen Sie den knapp einen Kilometer langen Naturlehrpfad kennen, bei dem Sie auf einer Tast- und Schnupperstrecke erstaunlich viel über die Pflanzen- und Tierwelt erfahren. Vergessen Sie Fernglas und Kamera nicht.

✍ Im Shop des NABU-Wasservogelreservat Wallnau erhalten Sie von März bis Oktober alles rund um Vögel, von interessanten Fachbüchern bis hin zu Ferngläsern, für Ihren Besuch im Vogelparadies.

LEUCHTTURM FLÜGGE /// FLÜGGER LEUCHTTURM 2 /// 23769 FLÜGGE ///
0 43 72 / 7 61 /// WWW.LEUCHTTURM-FLUEGGE.DE ///

PARADETURM AM HUK
Leuchtturm Flügge

64

... 161, 162, geschafft! Mit 37 Metern und 162 Stufen bis zur Aussichtsgalerie ist der Flügger Leuchtturm das höchste Leuchtfeuer der Insel. 1914/15 im Naturschutzgebiet Krumsteert auf dem südwestlichen Huk der Insel erbaut, ersetzte er den bisher dort stehenden 16 Meter hohen, achteckigen Turm aus dem Jahre 1870. Von 1977 bis 2009 war der Flügger Leuchtturm in einen rot-weißen Mantel aus Faserzementplatten gekleidet, die man schließlich entfernte. Nach zweijähriger Sanierung erstrahlt er seit 2011 nun wieder in seinem ursprünglichen Backsteinkleid und führt die Schiffe weiterhin sicher in den Sund.

Der Ausblick des einzigen begehbaren Leuchtturmes der Insel, der seit 2003 unter Denkmalschutz steht, entschädigt Sie für eventuelle Atemnot, die Sie möglicherweise am Ende der letzten Stufen ereilt. Und sollten Sie bisher nicht außer Atem geraten sein, spätestens jetzt, beim Blick von der Galerie, wenn die Insel in ihrer schönsten Pracht erstrahlt, ist es so weit. Aber nicht nur die fantastische Aussicht begeistert, auch die Möglichkeit, sich auf diesem einzigartigen Leuchtturm das Jawort zu geben, lässt das Herz von heiratswilligen Paaren höherschlagen. Seit 2005 kann man sich im Erdgeschoss des Leuchtfeuers im Kreise seiner engsten Vertrauten das Eheversprechen geben. Die Zahl der Teilnehmer an der Hochzeitszeremonie ist auf zwölf Personen beschränkt, inklusive Standesbeamter und Fotograf. Nach der Trauung mit den Gästen bei einem Glas Sekt den traumhaften Panoramablick in luftiger Höhe genießen – was für ein schöner Gedanke.

Anschließend an Ihren Besuch auf dem Flügger Leuchtturm, ob Hochzeit oder nicht, können Sie sich im angrenzenden Kaffeegarten Kaffee und Kuchen mit Blick auf das Meer schmecken lassen.

✍ Zum Leuchtturm, durch das Naturschutzgebiet Krumsteert, dürfen Sie nicht mit dem Auto fahren. Stellen Sie Ihren Wagen auf einem gebührenpflichtigen Parkplatz 1,5 Kilometer vor dem Leuchtturm ab.

Jimi Hendrix
Fehmarn
Love and Peace Festival
4.–6. Sept. 1970

DEN JIMI-HENDRIX-GEDENKSTEIN FINDEN SIE AM FLÜGGER STRAND.
GEHEN SIE VOM PARKPLATZ CAMPINGPLATZ FLÜGGE, FLÜGGE 2, AUF
DEM DEICH CIRCA 900 METER RICHTUNG PÜTTSEE.

FLOWER-POWER-SCHLAMMBAD
Jimi-Hendrix-Gedenkstein, Flügge

65

1970! Wie lange ist das her? Schlaghosen, bunte Hemden und Tücher, langes Haar. Ohne es zu wissen, erlebten die Besucher etwas ganz Besonderes, als Jimi Hendrix ein Jahr nach *Woodstock* beim chaotischen *Love-and-Peace-Festival* in Flügge am späten Vormittag des 6. Septembers auftrat. Es sollte sein letztes Konzert sein. Die Veranstaltung war von Verwüstung, Dauerregen und Schlamm geprägt, dennoch kamen Tausende, um den Star der Flower-Power-Generation live zu erleben. Ihm ganz nah zu sein.

Sie pilgerten auf das eigens angemietete Feld und erlebten chaotische Tage auf fast komplett aufgeweichten Böden. Und erst als Jimi Hendrix am Sonntag die Bühne betrat, brachen die Wolken auf und die Sonne kam zum Vorschein. War das ein Wink des Himmels? Bei aller Liebe zur Rockmusik der 70er-Jahre reichte selbst der Auftritt von Jimi Hendrix nicht aus, die große Pleite des Festivals zu überdecken. Es entwickelte sich zu einem riesigen Chaos und führte zu einem finanziellen Desaster.

Seit 1997 zeugt ein etwa 2,5 Meter hoher Findling von Hendrix' letztem Auftritt bei diesem auf mehrere Arten einzigartigen Event. Der Stein wurde an der Stelle postiert, an der sich die Bühne des Festivals befand, und zeigt die lebensgroße Kopie einer *Fender*-Gitarre. Auch heute noch zieht er jede Menge Fans auf die Insel, die ihrem Idol nahe sein und einen Hauch der wilden Zeit spüren wollen.

Nostalgie erfüllt auch mich, als ich den Stein betrachte in dem Bewusstsein, dass ich das vielleicht spektakulärste Event auf Fehmarn der letzten Jahrzehnte verpasst habe. Jimi Hendrix starb am 18. September 1970 in einem Londoner Hotel. Sein letztes Konzert auf der Insel wird unvergessen bleiben.

✿ Mit etwas Glück finden Sie am Strand Donnerkeile, versteinerte Belemniten, oder Ostseejade, ein Faserkalk, der ein tolles Material für kleinere Schmuckstücke ist.

WEITERE INFORMATIONEN ZUM ORTHER HAFEN ERHALTEN SIE BEI DER
HAFEN ORTH GMBH /// AM HAFEN /// 23769 ORTH /// 0 43 72 / 10 56 ///
WWW.HAFEN-ORTH.DE ///

HAFEN MIT LEUCHTTURMBLICK
Hafen Orth

66

Der Orther Hafen ist idyllisch an der Südwestseite der Insel gelegen und mein Favorit, was die Häfen von Fehmarn angeht. Von Burg aus gesehen sind es zwar über 14 Kilometer bis nach Orth, aber der Weg lohnt sich allemal. Der Name »Orth« stammt aus dem Plattdeutschen und bedeutet so viel wie »Spitze«. Passend, denn betrachtet man Orth aus der Vogelperspektive, sieht man, dass der Hafen wie eine Spitze aus der Orther Bucht herausragt.

War Orth früher ein Hafen mit regem Güter- und Personenverkehr, so wurde der Transportweg über die Ostsee durch die im Jahr 1905 bis nach Orth gebaute Eisenbahnlinie uninteressant. Im Laufe der Jahre wurde vieles erneuert, und heute bietet der Orther Hafen nicht nur viele Liegeplätze für Bootsbesitzer, sondern auch ein tolles Revier für Surfer und Kiter. Außerdem zieht es Touristen hierher, die sich in der urigen Atmosphäre des Hafens wohlfühlen. Etliche Restaurants und Cafés haben sich im Hafengelände angesiedelt und es ist nett, am Kai vor einer der Lokalitäten zu sitzen und sein Essen oder seinen Kaffee mit Blick auf den Hafen zu genießen.

Das Hafenbecken können Sie zu Fuß fast umrunden, kommen vorbei an einem Grillplatz, einem Kinderspielplatz und zahlreichen Bänken, die zum Verweilen einladen. Am Ende der Steinmole bietet sich Ihnen ein fantastischer Blick auf die kleine Meeresbucht Sulsdorfer Wiek wie auch auf die entfernte Gemeinde Großenbrode. Bummeln Sie auf der Landzunge zurück, erspähen Sie auf der linken Seite den Flügger Leuchtturm. Wenn Sie diesem auf dem Fußweg einen Besuch abstatten möchten, treten Sie am Ende des Weges auf den Deich und folgen diesem. Halten Sie sich links, dann erreichen Sie nach einem Spaziergang von einer guten halben Stunde und 2,5 Kilometern den Flügger Leuchtturm.

    Probieren Sie im Hafenimbiss *Kap Orth*, in der Straße Am Hafen in Orth gelegen, die Scampi mit Knoblauchsoße. Hitverdächtig.

VILLA MIT VOLLMOND
Café Die Villa, Orth

67

Die Ursprünglichkeit des idyllischen Hafens von Orth nimmt Sie augenblicklich gefangen, sobald Sie ihn betreten. Fast verschlafen liegen die Boote im Wasser, während ich mich links halte und über Kopfsteinpflaster fast bis zum Ende der Mole gehe. Denn dort befindet sich das urige Café Villa von Dorothea Ramke. Das von Bäumen eingerahmte Haus, das ein bisschen Vintage, ein wenig Shabby Chic vermittelt, erinnert an alte, noble Zeiten des Hafens. Eine wirkliche kleine Villa eben, ein wenig in die Jahre gekommen, was dem Ganzen allerdings keinen Abbruch tut.

Ich entschließe mich, draußen unter alten Walnussbäumen an einem der Tische, mit Blick auf das Hafenbecken, Platz zu nehmen. Die grandiose Aussicht auf die Schiffe und den Flügger Leuchtturm lassen mein Herz höherschlagen. Allein deswegen lohnt sich der Weg. Uriges Ambiente mit Hafenflair. Da kommt der Appetit ganz von allein.

Ich entscheide mich für selbst gemachte Rote Grütze, die köstlich mundet. Wenn Sie Lust auf etwas anderes haben, kein Problem. Von verschiedenen hausgemachten Kuchen und Torten bis hin zu leichten Speisen wie Obstsalat und Quark gibt es eine große Auswahl, manches auch vegan oder glutenfrei. Auf der Karte findet sich außerdem noch eine Menge an Kaltgetränken wie Fruchtshakes und Cocktails. Oder doch lieber eine der vielen Kaffeespezialitäten? Mmh! Am Wochenende wird in der *Villa* ein leckeres Frühstücksbuffet geboten, das kaum Wünsche offenlässt. Ein verlockendes Angebot, besonders bei diesem Ausblick. Wenn es regnet, ist das auch nicht schlimm. Die Räumlichkeiten des Cafés sind urgemütlich und man fühlt sich, gerade bei Schmuddelwetter, geborgen in der alten Villa.

☞ Einmal im Monat, von Mai bis Oktober, werden in der *Villa* die sogenannten *Full-Moon-Partys* veranstaltet, mit Livebands aus verschiedenen Musikgenres wie zum Beispiel Rock'n'Roll oder Blues.

ANBLICKE WIE DIESEN, EIN ALTES BOOT VOR DER ORTHER REEDE, ERWARTEN SIE AUF DER DEICHWANDERUNG. GEHEN SIE VOM ORTHER HAFEN AUF DEM DEICH RICHTUNG LEMKENHAFEN AN DER ORTHER REEDE ENTLANG.

AUSZEIT AUF DEM DEICH

Deichwandern an der Orther Reede

68

Einer meiner liebsten Spaziergänge führt von der Orther Reede aus, der großen südöstlich vom Hafen gelegenen Bucht, den Deich entlang bis nach Lemkenhafen. Die Orther Bucht zu umwandern mit genialem Blick auf das Wasser, das ist gleichermaßen sehenswert wie entspannend. Starten Sie im Orther Hafen, begeben Sie sich auf den Deich und halten Sie sich rechts Richtung Lemkenhafen. Beim Blick auf die Orther Reede werden Sie sehen, wie zahlreiche Surfbretter übers Wasser gleiten. Die Bucht ist aufgrund ihres flachen Gewässers eines der beliebtesten Reviere für Surfer und auch für Anfänger bestens geeignet.

Der Deich ist breit und lässt sich gut begehen, passendes Schuhwerk vorausgesetzt. Während ich um die Orther Reede spaziere, lasse ich meine Gedanken schweifen und genieße die Schönheit der Natur. In meinem Rücken der Hafen von Orth, vor mir die Fehmarnsundbrücke . Was für ein fantastischer Anblick. Einige Fahrradfahrer und Spaziergänger werden sicherlich Ihren Weg kreuzen, ansonsten können Sie die Ruhe hier genießen auf einer meiner Lieblingsstrecken über die Insel. Bis Lemkenhafen sind es von Orth rund 2,5 Kilometer.

Ich gelange an eine kleine Mole mit Steinen, die zu einer vorgelagerten Sandbank führt. Mit Gummistiefeln oder im Sommer auch barfuß ist die schmale Sandbank gut zu erreichen. Die kurze Pause tut gut, der Alltagsstress fällt von mir ab, Körper und Seele kommen zur Ruhe. Smaragdgrünes Wasser leuchtet mir entgegen, und ich habe fast das Gefühl, mich in der Karibik zu befinden. In einiger Entfernung sehe ich die Segelwindmühle Jachen Flünk, und ich weiß, gleich habe ich Lemkenhafen erreicht. Doch jetzt genieße ich erst noch die Stille und den Weitblick an diesem schönen Fleckchen Erde.

🐟 Machen Sie in Lemkenhafen einen Abstecher zu *Kolles Fischpfanne* in der Königstraße 3. Es erwartet Sie eine große Auswahl an Gerichten mit Meeresfrüchten, Fisch oder Fleisch. www.kollesfischpfanne.de

DER HAFEN DES FIRSCHERDORFS LEMKENHAFEN

DORF MIT MEERBLICK
Fischerdorf Lemkenhafen

69

Das kleine Arbeiter- und Fischerdorf Lemkenhafen wirkt urgemütlich und einladend. Von Burg mit dem Auto sind die knapp 8 Kilometer in etwa 15 Minuten, über Landkirchen und Lemkendorf, zurückzulegen. Einst Tochtersiedlung von Lemkendorf, gehört das Fischerörtchen heute zur Stadt Fehmarn. Der Name Lemkenhafen lcitet sich vom Wort »Lemken« ab, was so viel bedeutet wie »Lämmchen«. Zurück geht dies auf das einstige Stadtsiegel, das ein Lämmchen auf dem holsteinischen Nesselblatt zeigte.

In früherer Zeit war das mittelalterliche Dorf ein bedeutender und wohlhabender Hafenort. Bedingt durch die gute Lage wurde von hier aus Getreide verschifft. Zu sehen war der Wohlstand vor vielen hundert Jahren an den etlichen Kornspeichern, die in Lemkenhafen standen. Davon ist leider nichts übrig geblieben. Anfang des 19. Jahrhunderts wurde der Seeweg von Lemkenhafen immer weniger genutzt, weil die stetig größer werdenden Schiffe den Hafen nicht mehr anlaufen konnten.

Dafür gibt es heute einen hübschen, ganz beachtlichen Yachthafen mit über 140 Liegeplätzen. Um den Hafen herum finden sich ein paar nette Restaurants und eine wirklich tolle Sehenswürdigkeit: Jachen Flünk, die älteste erhaltene und funktionstüchtige Windmühle in Schleswig-Holstein. Die Gewässer um Lemkenhafen gehören zur Orther Bucht und zum Stehrevier für Surfer und Kiter. Ein Spaziergang durch das Fischerdorf lohnt sich immer, oft endet er für mich im Restaurant Aalkate in der Königstraße 22 bei äußerst leckeren Räucherfischspezialitäten. Und dahinter, welch ein Glück, wartet die Ostsee mit Blick auf die Fehmarnsundbrücke.

Lemkenhafen verfügt über eines der schönsten Stehreviere für Surfer auf der Insel. Weitere Informationen, auch zu Surfkursen, erhalten Sie beim Surfspot Lemkenhafen.
www.surfspot-lemkenhafen.de

MÜHLENMUSEUM JACHEN FLÜNK /// MÜHLENWEG 45 ///
23769 LEMKENHAFEN /// 0 43 72 / 18 94 ///
WWW.MUSEUM-FEHMARN.DE/JACHENFLUENK ///

UMTRIEBIGE MÜHLE

Mühlenmuseum Jachen Flünk, Lemkenhafen

70

Die Mühle Jachen Flünk wurde 1787 vom Kornhändler und Schiffs-
reeder Joachim Rahlff gebaut. 1954 wurde sie stillgelegt und ging
später in den Besitz des Vereins zur Sammlung Fehmarnscher Alter-
tümer e. V. über. Nach umfangreichen Umbau- und Sanierungsmaß-
nahmen wird sie seit 1961 als Mühlen- und Landwirtschaftsmuseum
genutzt. Jachen Flünk ist die älteste und einzige funktionstüchtige
Segelwindmühle ihrer Art in Schleswig Holstein.

Die Segelwindmühle liegt idyllisch zwischen den Feldern von
Lemkenhafen. Neben dem Eingang lehnen alte Mühlsteine an dem
verschindelten Rumpf. Dass die 22 Meter hohe Mühle geöffnet hat,
was nur zwischen Anfang Juni und Ende Oktober der Fall ist, ist an
der Lehnsfahne von Fehmarn zu erkennen, die über dem Eingang
weht. Diese zeigt eine goldene Krone auf blauem Grund. Im Inneren
der Mühle betrachte ich interessiert die vielen Fotos und Arbeits-
geräte aus der Zeit der Jahrhundertwende. Mithilfe der historischen
Aufnahmen werden die damaligen Arbeitsmethoden veranschaulicht.
Über eine enge Holzstiege erreiche ich den oberen Teil der Mühle, in
dem die Mahlsteine und Kammern für die verschiedenen Getreide-
arten zu finden sind. Vor allem Gerste und Weizen wurden damals
vermahlen und verkauft.

Von hier aus geht es weiter auf die Galerie. Vorsichtig öffne ich
die schmale Holztür und betrete den Rundlauf der Mühle. Ein bisschen mulmig wird mir, als ich den Holzfußboden betrachte und mir
das Alter der Mühle vergegenwärtige. Doch ich schiebe den Gedanken beiseite und genieße stattdessen den fantastischen Ausblick während des Rundgangs. Beim Abstieg ist Vorsicht angesagt, um sich den
Kopf nicht zu stoßen. Unten angekommen sehe ich mir noch den angrenzenden Speicher an, wo landwirtschaftliche Geräte und Modelle
Fehmarn'scher Bauernhöfe ausgestellt werden.

✎ Kleine Stärkung gefällig? Besuchen Sie das Hafenbistro, Am
Hafen 1002, direkt am Lemkenhafener Hafen gelegen, mit Blick
auf die Bucht und ihre Surfer.

Museum
Kalkate

räucheraal
heilbutt
hillerlocken
forellen
makrelen
ucherla

**AALKATE LEMKENHAFEN /// KÖNIGSTRASSE 20—22 ///
23769 LEMKENHAFEN /// 0 43 72 / 5 32 ///
WWW.ORIGINAL-AALKATE-FEHMARN.DE ///**

AALE, AALE, AALE ... UND FISCH
Aalkate Lemkenhafen

71

In Lemkenhafen befindet sich ein Restaurant, das sich durch seine nicht alltägliche Speisekarte immer wieder ins Gespräch bringt: die Aalkate. Aus Richtung Neujellingsdorf kommend, liegt dieses außergewöhnliche Fischrestaurant mitten in dem kleinen verträumten Ort, direkt an der Bucht Lemkenhafener Wiek.

Wenn Sie die Tür des Restaurants öffnen, strömt Ihnen das intensive Raucharoma von Buchenholz entgegen. Mir läuft jedes Mal sofort das Wasser im Mund zusammen. Diverse historische Fisch- oder Aalfanggeräte hängen – liebevoll restauriert – an den rustikalen Wänden und erinnern stellenweise an ein Fischereimuseum. Das Fischrestaurant bietet überwiegend Fischspezialitäten, die in Altonaer Räucheröfen über offenem Holzfeuer hergestellt werden. Hier wird der Aal noch mit der Hand genossen, am liebsten zusammen mit der Hausspezialität Aalkatentropfen, einem feinen Kräuterschnaps.

Gern fahre ich zur Aalkate, um mich bei einem Glas Bier an einer geräucherten Makrele zu erfreuen. In den Sommermonaten versuche ich, ein Plätzchen auf einer der begehrten Bänke im weitläufigen Garten der Aalkate zu ergattern, um meinen Fisch mit Blick auf die Wiek und die Fehmarnsundbrücke zu genießen. Ist schlechtes Wetter, weiche ich einfach auf den neuen Wintergarten aus und genieße die Aussicht von dort. Seit geraumer Zeit bietet die Aalkate auch warme Gerichte wie die hervorragende Lachscremesuppe oder die Ofenkartoffel mit Sour Cream an ... Lecker! In den Sommermonaten können Sie täglich gegen Abend frisch gegrillten Fisch im Garten des Restaurants genießen. Jetzt habe ich aber Appetit bekommen ... und mache mich direkt auf zur Aalkate und den leckeren Fischspezialitäten.

🖎 Wer die geräucherten Fischspezialitäten und den Aalkatentropfen in den eigenen vier Wänden genießen möchte, kann sie im Internetshop der Aalkate bestellen. www.aalkate-fehmarn-shop.de

IN WESTERBERGEN KÖNNEN SIE VOR DEM DEICH AUF EINEM KLEINEN
PARKPLATZ IHREN WAGEN ABSTELLEN UND DIREKT ZU IHREM
DEICHSPAZIERGANG AUFBRECHEN. AUF IHREM WEG VON LEMKEN-
HAFEN NACH WESTERBERGEN KOMMEN SIE DIREKT DARAN VORBEI
(IN DER STRASSE WESTERBERGEN-FERIENSIEDLUNG).

DEICHGEFLÜSTER
Am Deich von Westerbergen

72

Im Nordwesten der Insel Fehmarn, an der Orther Reede, liegt der kleine Ort Westerbergen. Von Lemkenhafen Richtung Feriensiedlung Gold erreicht man die circa einen Kilometer entfernte Gemeinde in kürzester Zeit. Auf dem dortigen Deich lassen sich herrliche Spaziergänge in beide Richtungen unternehmen. Die Segelwindmühle Jachen Flünk zu meiner Rechten scheint mir mit ihren Flügeln zuzuwinken, und im Westen blinkt das Leuchtfeuer von Flügge im gleichmäßigen Takt. Vor mir liegt der Warder, eine kleine vorgelagerte Insel mit nur wenigen Gebäuden, daneben dümpeln Boote gemütlich im flachen Wasser. Selbst die Fehmarnsundbrücke ist von hier aus zu sehen.

Wenn ich auf dem Deich sitze, möchte ich eigentlich nie wieder weg. Manchmal bleibe ich bis zum atemberaubenden Sonnenuntergang. Nach einem wolkenlosen, klaren Tag verzaubert er in kaum zu überbietender Farbenpracht. In Westerbergen berührt der Untergang der Sonne mit besonderer Atmosphäre. Wenn Sie Glück haben und zum richtigen Zeitpunkt hier sind, versinkt sie hinter dem 37,5 Meter hohen Leuchtturm und lässt ihn in rotgoldenem Glanz erscheinen.

Als hätte ein Maler seine Pinsel tief in die Farbpalette getaucht. In einem Zusammenspiel von tiefen Rottönen mit dem Leuchtfeuer des Flügger Leuchtturmes versinkt der glutrote Ball schließlich im violett eingefärbten Meer, bevor letzte Farbflecken sich in die Tiefe des Meeres verabschieden und der blaue Himmel über dem Leuchtturm von Tausenden tanzenden Sternen abgelöst wird. Einfach ein Ort zum Wohlfühlen, der Deich von Westerbergen. Genießen Sie ein paar schöne Stunden an diesem traumhaften Platz.

✍ Das gemütliche Café-Bistro *Achtern Diek* im nahe gelegenen Gold bietet Kaffee und Kuchen im Wintergarten oder auf einer kleinen Terrasse mit Blick auf die Bucht. www.achterndiek-gold-fehmarn.de

HOF CAFÉ ALBERTSDORF /// ALBERTSDORF 13 /// 23769 ALBERTSDORF ///
0 43 71 / 50 25 24 /// WWW.HOFCAFE-ALBERTSDORF.DE ///

SCHLARAFFENLAND AUS MEISTERHAND
Hof Café Albertsdorf

73

Schon von Weitem springt sie einem ins Auge: die Sonnenblume mit dem Logo vom Hof Café Albertsdorf, unweit des Deiches von Gold. Das Hof Café liegt idyllisch eingebettet in der grünen Landschaft zwischen mehreren Bauernhöfen. Die großzügige Gartenanlage lädt Gäste dazu ein, es sich bei schönem Wetter draußen gemütlich zu machen. Doch lange werden Sie erst einmal nicht hier verweilen, denn der Duft herrlicher Torten, Kuchen und anderer Backwaren, die appetitlich in einer Kühltheke angerichtet sind, lockt ins Innere der Scheune, in der sich das Hof Café befindet.

Wenn Sie Glück haben, können Sie einen Blick in die Backstube erhaschen, das Allerheiligste der Konditormeisterin Annabell Rahlff-Mackeprang, die unermüdlich an ihren kreativen Backkreationen arbeitet. Geht nicht, gibt's nicht, scheint ihr Motto zu sein. Denn neben klassischen Kuchen bietet sie auch jede Menge ausgefallene Motivtorten an, die auf Anfrage gebacken und aufwendig gestaltet werden. Besonders gelungen sind ihre Hochzeitstorten, die wirklich zauberhaft sind und nach den Wünschen der Brautpaare kreiert werden.

Doch auch nach alten Rezepten und nach alter Handwerkstradition wird hier gebacken. Zum Beispiel die typischen Fehmarn'schen Kröpel. Die kleinen, in Fett ausgebackenen und mit Zucker bestäubten Hefeteigkugeln gibt es traditionell nur zur Weizenernte und sollten dann auf keinem Kaffeetisch fehlen. Ein Gedicht!

Nehmen Sie sich nach dem reichhaltigen Kuchengenuss auf jeden Fall die Zeit, um im integrierten Hofladen zwischen Kunsthandwerk, Likören und selbst gemachten Fruchtaufstrichen zu stöbern und ein wenig Fehmarn mit nach Hause zu nehmen.

✐ Im Hof des Cafés befindet sich in einer kleinen Blockhütte das Sommeratelier des Malers Joachim Fritz. Der Künstler bietet auch Zeichen- und Malkurse an. Trauen Sie sich! www.fehmarn-art.de

VOM PARKPLATZ FEHMARNSUND, DIREKT AM MEER GEGENÜBER VON
FEHMARNSUND 21 GELEGEN, GELANGEN SIE ÜBER EINEN SANDWEG AUF
DEN DEICH, AUF DEM SIE NACH CIRCA 10 MINUTEN DEN LEUCHTTURM
STRUKKAMPHUK ERREICHEN.

Westlich der Fehmarnsundbrücke rückt er sich, trotz geringer Höhe von nur 5 Metern, geradewegs ins rechte Licht. Strahlend weiß leuchtet er und ist mit seinem angrenzenden Leuchtturmwärterhäuschen ein plakatives Postkartenmotiv. Am Huk vom Strukkamp trotzt er Wind und Wetter. Zusammen mit dem Flügger Leuchtturm bildet er ein Richtfeuer, das Wasserfahrzeugen den richtigen Kurs durch den Fehmarnsund anzeigt.

Der runde Betonturm ist für die Öffentlichkeit nicht zugänglich. Doch auch von außen sehe ich ihn mir gerne an, denn der Turm hat durch seinen Standort und seine geringe Größe unheimlich viel Charme und Charisma. Ein Spaziergang zu diesem Leuchtfeuer ist aus Richtung Fehmarnsundbrücke oder vom Campingplatz Strukkamp möglich. Mit dem Auto ist der Leuchtturm nicht erreichbar, da es keine Straßenzufahrt gibt. Vom Parkplatz Fehmarnsund bewältigen Sie die 1,5 Kilometer lange Strecke in ungefähr 10 Minuten.

Beim Strukkamphuk angekommen, lädt eine kleine Bank direkt auf dem Deich vor dem Leuchtturm zum Ausruhen ein. So eine Pause kann schon einmal länger dauern, weil es von hier aus viel zu sehen gibt: die Sundbrücke, den Flügger Leuchtturm, die Skyline der Kleinstadt Heiligenhafen, auf der Landseite gegenüber von Fehmarn gelegen. Langweilig wird es da bestimmt nicht.

Einmal hatte ich doch das Glück, einen Blick ins Innere des Leuchtturms werfen zu können, und zwar in einer Fernsehsendung, die über die Pächter des Leuchtturms Strukkamphuk berichtet hat. Es war spannend zu sehen, wie sich das Pärchen auf kleinstem Raum eine Wohlfühloase geschaffen hat. Und spannend zu hören, dass nach Anbrechen der Dunkelheit die Rollos geschlossen werden müssen, damit Schiffe vom Licht des klitzekleinen Wohnzimmers nicht in die Irre geführt werden.

✐ Von einer bestimmten Position aus lassen sich das Leuchtfeuer und die Fehmarnsundbrücke auf ein gemeinsames Foto bringen. Ein wunderschönes Motiv, das es sich zu suchen lohnt.

DEN BLICK VOM FEHMARNSUND AUF DIE GLEICHNAMIGE BRÜCKE KÖNNEN SIE WÄHREND IHRES SPAZIERGANGS GENIESSEN. STARTEN SIE VOM FEHMARNSUND-PARKPLATZ, DIREKT AM MEER GEGENÜBER VON FEHMARNSUND 21 GELEGEN, UND GEHEN SIE ÜBER DIE DÜNE ZUM STRAND. DANN NACH WESTEN RICHTUNG MARINA, HINTER DER EIN SANDWEG ENTLANGLÄUFT, DER SIE UNTER DER BRÜCKE HINDURCHFÜHRT. FOLGEN SIE DEM WEG RICHTUNG LEUCHTTURM STRUKKAMPHUK.

WIE PERLEN AN DER SCHNUR
Spaziergang am Fehmarnsund

Die Region am Fehmarnsund ist besonders. Die gleichnamige Brücke direkt vor Augen. Der Sund, der gemächlich unter ihr hindurchfließt. Innere Ruhe breitet sich in mir aus, wenn ich diesen Spaziergang unternehme. Fahren Sie zum Parkplatz Fehmarnsund, gegenüber der Apartmentanlage mit demselben Namen, und gehen Sie in Blickrichtung Wasser los. Folgen Sie dem schmalen Pfad über die breit gezogene Düne, an der sich der Wind bricht. Es dauert nur wenige Minuten, bis Sie den feinsandigen Strand erreichen. Schauen Sie nach links, dehnt der Strand sich zu einer weißen Landzunge aus, an der sich jede Menge Fischer wie Perlen an einer Schnur aneinanderreihen, um Dorsch oder Butt zu angeln. Diese Gegend ist eines der bevorzugten Reviere der Angler. Hier hat der Sund eine beachtliche Tiefe und dementsprechende Strömung, die erfolgreichen Fischfang verheißt. Eine Weile bleibe ich stehen und beobachte die surrenden Leinen, die im Lichterglanz über das Wasser fliegen. Ein schöner, beruhigender Anblick.

Die Augen nach rechts gewandt, liegt vor mir die kleine Marina von Fehmarnsund. Links am Yachthafen vorbei gelange ich auf einen kleinen Sandweg, der mich geradewegs zum Deich führt, gesäumt von wenigen Häusern. Ein paar Meter weiter befand sich ein für mich sehr bedeutungsvolles Gebäude, denn es spielt in meinem Debütkrimi *Küstenschrei* eine große Rolle. Leider brannte es bis auf die Grundmauern nieder und wurde durch ein neues, sehr ansehnliches ersetzt. Hier beende ich meinen Spaziergang und genieße den Blick auf den Leuchtturm Strukkamphuk, der sich nur wenige Meter entfernt befindet.

✽ Am Strand von Fehmarnsund machen Sie die schönsten Bilder der Fehmarnsundbrücke. Also vergessen Sie Ihre Kamera nicht!

VOM PARKPLATZ STRUKKAMP ZIRKA 100 METER UNTER DEN
BRÜCKENBOGEN HINDURCH AM FEHMARNSUND ENTLANG.
VON HIER AUS SEHEN SIE DIE EHEMALIGE ANLANDUNGSSTELLE
MELLENTHINS VOR DEM MARTIN-HAFEN.

DIE RÜCKEROBERUNG DER INSEL

Bezaubernd, wunderbar – so würde ich den Fehmarnsund an dieser Stelle beschreiben. Von Strukkamp kommend, spazieren Sie unter der Sundbrücke hindurch und erblicken den Platz, der eine große geschichtliche Bedeutung für Fehmarn erlangte. Der Sund fällt hier ziemlich tief ab, da sich direkt davor die Fahrrinne befindet. Segelschiffe und Motorboote steuern ihren Weg gen offene See, und es ist ein Spaß, ihnen dabei zuzuschauen. Aber nicht nur dies macht den historischen Ort zu einem meiner Lieblingsplätze. Denn schaue ich zu meiner Linken, liegt dort, direkt hinter der Fehmarnsundbrücke, die kleine *Martin*-Marina. Ein verträumter Hafen, der vor dem Brückenbau die Anlegestelle der Fähre von Großenbrode aus beheimatet. Etwas Besonderes umgibt diesen Platz.

Einst geschah genau hier eine der historischen Begebenheiten, die den Einheimischen verhalf, ihre geliebte Insel zurückzuerobern. Am 15. März 1864 eroberte der preußische Hauptmann Xaver von Mellenthin mit neun Booten und 160 Soldaten Fehmarn und befreit die Insel von der dänischen Herrschaft. Aus Richtung Heiligenhafen wurde der Sund in jener Nacht beobachtet, bis Mellenthin mit seiner Verstärkung eintraf. Gegen 5 Uhr, setzen die Boote bei einem Orkan von Großenbrode über. Die Überfahrt gelang.

Sicheren Fußes marschierten die Preußen weiter gen Burg, durch die Breite Straße, bis hin zum Markt, wo Offiziere des dänischen Kavalleriekommandos in Wissers Hotel residierten. Es gab kaum Blutvergießen, als die Preußen das Hotel stürmten. Die Dänen, völlig überrumpelt, ergaben sich fast widerstandslos. Die dänische Herrschaft auf Fehmarn endete an diesem stürmischen Tag.

Tja, der Sund hat uns vor langer Zeit unsere Insel zurückgegeben. Wenn ich heute an diesem Ort meine Spaziergänge absolviere, denke ich oft an dieses Ereignis und sehe vor meinem geistigen Auge Hauptmann Mellenthin mit seinem Gefolge durch den Sund schippern. Ob die Angler, die am steinigen Strand ihre Köder in den Sund werfen, von dieser Begebenheit wissen …?

🦢 Bleiben Sie unterhalb des Brückenbogens der Fehmarnsundbrücke stehen – ein spektakuläres Ereignis mit Nachhall.

BLICK AUF DEN WULFENER HALS MIT LEUCHTFEUER AUF EINEM
SPIELPLATZ. DAS GEBIET GEHÖRT ZUM CAMPING- UND FERIENPARK
WULFENER HALS /// WULFENER-HALS-WEG 100 /// 23769 WULFEN ///
0 43 71 / 8 62 80 /// WWW.WULFENERHALS.DE ///

Der Weg zum Wulfener Hals ist ein wenig umständlich. Von Wulfen aus erreichen Sie über den Wulfener-Hals-Weg den Golfplatz, den Sie bitte rechts liegen lassen, stattdessen gehen Sie geradeaus weiter. Wenig später kommen Sie an einem der schönsten Campingplätze auf Fehmarn vorbei: dem Camping- und Ferienpark Wulfener Hals. Bleiben Sie auf dem Wulfener-Hals-Weg und gehen Sie über den Campingplatz, bis Sie schließlich den Nehrungshaken Wulfener Hals erreichen.

Die lange, schmale, feinsandige Landspitze, die hinaus in die Ostsee führt und zum Sonnenbaden einlädt, vermittelt beinahe karibisches Flair. Wasser umgibt Sie auf beiden Seiten der Landzunge: auf der einen die Ostsee, auf der anderen der Burger Binnensee. Die wunderschöne Landschaft entschädigt für den etwas mühsamen Weg hierher, der sich über etwa einen Kilometer erstreckt.

Auch hier, auf dem Binnensee, erwartet Sie das bunte Treiben der Surfer. Durch die Stehtiefe ist der Wulfener Hals, neben der Orther Reede, ein ideales Revier, um sich als Anfänger diesem Hobby gefahrlos hinzugeben. Die Gelegenheit also, den Sport auszuprobieren, statt nur zuzusehen. Ich habe mich selbst ein paarmal herangewagt; es ist in jedem Fall eine völlig neue, spaßige Erfahrung.

Heute jedoch begnüge ich mich damit, mich hier am Wulfener Hals niederzulassen, um den anderen bei ihren Aktivitäten zuzuschauen und mein Gesicht in die Sonne zu halten. Der Blick auf den Binnensee und bis zum Hafen Burgstaaken ist wirklich grandios. Wer weiß, vielleicht walke ich im Anschluss noch ein bisschen über die Insel. Auch eine tolle Möglichkeit, aktiv zu sein.

✐ Hungrig geworden? Genießen Sie fangfrischen Fisch aus dem Hafen Burgstaaken im Restaurant Seeblick. Es ist direkt auf dem Gelände des Campingplatzes gelegen.
www.wulfenerhals.de/restaurant_seeblick

STARTEN SIE ZUM SPAZIERGANG UM DEN WULFENER BINNENSEE VOM WULFENER-HALS-WEG 100, GEGENÜBER DEM GOLFPLATZ. DORT LIEGT, DURCH EINE PFORTE GESCHÜTZT, DER EINGANG ZUM DEICH. DER WEG ENDET IM HAFEN VON BURGSTAAKEN.

FLACHWASSER AHOI
Spaziergang entlang des Wulfener Binnensees

78

Kurz hinter dem Campingplatz Wulfener Hals im Wulfener-Hals-Weg 100, gegenüber dem Golfplatz, erwartet Sie auf der rechten Seite der Deichweg, abgegrenzt durch ein grünes Holzgatter, der bis zum Hafen von Burgstaaken führt. Gute zwei Kilometer beträgt die Entfernung von hier aus den breiten Deichweg entlang. In den etwa 30 Minuten Gehzeit werden Sie mit einer fantastischen Aussicht belohnt. Sie sollten auf jeden Fall eine Kamera dabeihaben. An Wiesen und Feldern kommen Sie vorbei, die sich weit über die Insel erstrecken. Kleine Salzseen, besucht von zahlreichen Vögeln, strahlen eine wohltuende Ruhe aus, genauso wie der Wulfener Binnensee, an dem Sie entlanggehen. Das Wasser dieser Bucht ist durchweg so flach, dass es einem höchstens bis zum Bauchnabel reicht. Das weitreichende Gewässer wird erst bei starkem Wind etwas unruhig und lädt daher zum Verweilen ein.

Wo im Winter eher Stille in der verschlafenen Bucht herrscht, ist während des restlichen Jahres reger Betrieb angesagt. Bunte Segel jagen mal schneller, mal langsamer über den stehtiefen Binnensee. Klasse Schauspiel. Und schon haben Sie bereits ein gutes Stück des Weges zurückgelegt.

Gut versteckt hinter hohen Bäumen und dem Deich passieren Sie die Kläranlage der Insel, die allerdings kaum ins Auge fällt und man daher getrost übersehen kann. Richten Sie Ihre Aufmerksamkeit lieber auf die schöne Sie umgebende Natur. Schließlich erreichen Sie das Hafengelände mit dem Yachthafen von Burgstaaken zur Rechten. Lassen Sie sich im Café Kontor in Burgstaaken 59 nieder und stärken Sie sich, bevor es zurückgeht, mit einem großen Stück selbst gebackenen Kuchen und einer guten Tasse Kaffee.

☞ Besuchen Sie unweit des Hafens in Burgstaaken 50 den Wassersport- und Angelladen *Baltic Kölln*. Die erste Anlaufstelle, wenn es ums Segeln und Angeln geht. www.baltickoelln.de

GEHEN SIE VOM PARKPLATZ BARGMÖHL, OBERHALB DES WULFENER
BERGS, CIRCA 400 METER DURCH EIN KLEINES WÄLDCHEN RICHTUNG
LANGBETTGRAB WULFEN, BIS SIE SCHLIESSLICH DIE KIESGRUBE
DES WULFENER BERGS ERREICHEN.

BERGE IM FLACHEN LAND?
Wulfener Berg mit Kiesgrube

79

Der Wulfener Berg ist mit einer Höhe von etwa 26,5 Metern eher ein flacher Hügel und kann sich nicht ansatzweise mit Bergen wie der Zugspitze messen. Dennoch ist er, nach dem Hinrichsberg, die zweithöchste Erhebung der Insel. Der kleine Ort Wulfen, zu dem der gleichnamige Berg gehört, liegt zwischen dem Burger Binnensee und der Ostsee, circa vier Kilometer von Burg entfernt. Vom Hauptort Burg kommend, folgen Sie der Straße namens Bargmöhl durch Wulfen, bis Sie den Parkplatz oberhalb des Berges erreichen. »Bargmöhl« war der Name einer der früher zahlreichen Getreidemühlen der Insel, die sich auf dem Wulfener Berg befand. Die Mühle ist weg, der Name ist geblieben.

Vom Parkplatz aus begeben Sie sich auf einen Spaziergang mit einem grandiosen Ausblick als Belohnung. Durch ein kleines Wäldchen kommen Sie am Wulfener Langbettgrab vorbei, dem Nachbau eines steinzeitlichen Hünenbetts, das sich hier einst befand. Minuten später erreichen Sie dann die Wulfener Kiesgrube. Das Highlight und Ziel unseres Ausflugs. Auf dem Wulfener Berg wurde vor vielen Jahren Kies für den Damm der Fehmarnsundbrücke abgebaut. Zurück blieb dieser Platz mit traumhaftem Weitblick. Hier befindet sich meine Lieblingsbank. Sie ist ein gerne genutzter Ruhepunkt nach mal mehr, mal weniger anstrengenden Fußmärschen.

Nicht nur im Sommer ist die Kiesgrube auf dem Wulfener Berg ein beliebtes Ausflugsziel. Auch im Winter, wenn Schnee liegt, habe ich jedes Jahr viel Spaß hier. Es gibt keine bessere Möglichkeit zu rodeln auf der Insel, als in der Kieskuhle in die Tiefe zu rauschen. Zugegeben, es sieht schon gefährlich aus, schaut man von oben hinab. Aber es macht einfach einen Heidenspaß!

⚘ Immer zu Fuß ist langweilig, warum die Insel nicht mal zu Pferde erkunden? Der nahe gelegene Reiterhof Witt bietet Unterricht für Anfänger sowie Fortgeschrittene und Ausritte an. www.reiterhof-witt.de

ST.-PETRI-KIRCHE /// HAUPTSTRASSE 32 /// 23769 LANDKIRCHEN ///
0 43 71 / 68 94 ///

SIE ERHEBT SICH AUF EINEM HÜGEL

St.-Petri-Kirche, Landkirchen

80

Die Kirche ist nicht zu übersehen. Denn das um 1230 entstandene Backsteingebäude erhebt sich auf einem kleinen Hügel. Von außen vielleicht nicht unbedingt ein Prachtbau, aber allein die Tatsache, dass der Glockenturm sich ein paar Meter entfernt befindet, macht die St.-Petri-Kirche interessant. Aufrecht steht der hölzerne, um 1638 erbaute Turm da, und es scheint, als bewache er das Gotteshaus. Im Eingangsbereich desselben, auf einem speziellen Gestell, liegen circa 60 Betschemel aus dem 17. und 18. Jahrhundert, die mich an kleine Fußbänke erinnern. Auf manchen sind sogenannte Hausmarken zu sehen, eine Besonderheit Fehmarns. Darunter versteht man spezielle Symbole, mit denen Familien ihr Eigentum gekennzeichnet haben.

Als ich das dreischiffige Bauwerk betrete, umfängt mich eine unglaubliche Pracht. Was für ein Prunk. Spätbarocke Schönheit, wohin das Auge blickt. Ich bin erst einmal sprachlos, und das kommt äußerst selten vor. Während ich schweige, richte ich meine Aufmerksamkeit auf die sechs Logen der Kirche. Wunderschön gestrichen und prachtvoll verziert verteilen sie sich im gesamten Kirchenschiff. Die Logen waren früher privilegierten Familien vorbehalten. Nur wer es sich leisten konnte, durfte hier Platz nehmen. Betreten wurden sie über eine Treppe von außen, sodass man kommen und gehen konnte, wann man wollte.

Das Kernstück der St.-Petri-Kirche ist der über alle Maßen prunkvolle Barockaltar von 1715. Groß und mächtig, einfach beeindruckend. Im Seitenschiff befinden sich wunderschöne Votivschiffe, von denen ein Dreimaster, 1617 gebaut, das älteste noch existierende Modellschiff Deutschlands ist. Ich komme immer wieder gerne her und betrachte schweigend diese Pracht.

🖋 Kehren Sie im Anschluss im Landgasthof Petersen ein. Er liegt gegenüber der Kirche und bietet gutbürgerliche, regionale Küche in einem freundlichen Ambiente. www.landgasthof-petersen.de

MIT SCHMALZBROT UND KÖM FING ALLES AN
Restaurant Dat ole Aalhus, Landkirchen

81

Mitten in Landkirchen, an der Hauptstraße gegenüber der St.-Petri-Kirche, sieht man die große blaue Flagge mit der Aufschrift »Dat ole Aalhus« schon von Weitem im Wind wehen. Die Fahne weist Ihnen den Weg in eines der rustikalen Restaurants der Insel. Das alte reetgedeckte Fachwerkhaus wurde 1986 von Marieluise und Carl Becker mit viel Arbeit in ein gemütliches Gasthaus verwandelt. Zur damaligen Zeit gab es dort überwiegend Räucherfisch, Schmalzbrote, und oftmals stand auch eine Flasche Köm, ein Aquavit, auf dem Tisch.

Heute verbirgt sich hinter den Fachwerkmauern ein gemütlich eingerichtetes Restaurant, das seit 1997 von Tochter Kathrin und ihrem Mann Jens Rilke in zweiter Generation weitergeführt wird. Natürlich hat sich die Karte seit damals verändert. Aber einen lütten Köm können Sie auch heute noch bekommen. Frische steht bei den typisch norddeutschen Gerichten im Angebot an oberster Stelle. Das Lokal ist immer gut besetzt. Kein Wunder bei den kreativen, hausgemachten Fischgerichten, die hier auf den Teller kommen! Mein absolutes Lieblingsgericht ist die Scholle Finkenwerder. Guten Hunger müssen Sie allerdings mitbringen. Die Portionen sind sehr großzügig bemessen.

Im Sommer können Sie es sich im Biergarten gemütlich machen, in dem sich auch eine kleine Spielecke für Kinder befindet. Da das Essen stets frisch zubereitet wird, kann es manchmal ein paar Minuten länger dauern. Gut Ding will nun mal Weile haben … Und der Geschmack entschädigt allemal.

Dat ole Aalhus wurde übrigens vom Gourmetjournal *Der Feinschmecker* ausgezeichnet, zu den besten Fischrestaurants Deutschlands zu gehören. Wenn das mal nicht für sich spricht.

🖉   In der Hauptsaison ist es ratsam, einen Tisch zu reservieren, denn *Dat ole Aalhus* ist bei Einheimischen und Gästen gleichermaßen beliebt.

**HOFCAFÉ BISDORF /// BISDORF 15 /// 23769 BISDORF ///
0 43 71 / 86 41 33 /// WWW.HOFCAFE-BISDORF.COM ///**

Nicht weit entfernt von Landkirchen befindet sich das kleine Dorf Bisdorf. Normalerweise wirkt Bisdorf eher verschlafen. Aber wenn Sie den Ferienhof von Familie Küthe betreten, werden Sie überrascht sein, wie viele Menschen sich hier tummeln. Eingebettet zwischen Wiesen liegt das Hofcafé Bisdorf sehr ländlich und hat als eines der ältesten Cafés der Insel sehr viele Stammgäste. Aber auch neue Gäste verirren sich immer wieder hierher, denn der gute Ruf des Hofcafés reicht weit über die Inselgrenzen hinaus.

Das fröhliche Team von Ilka Küthe weiß, was die Gäste lieben – ob in Wohlfühlatmosphäre in den Innenräumen oder im großzügigen Garten des Hofcafés. Die herrlichen Torten mit vielfältigen Füllungen und Toppings lassen keine Wünsche offen. Ob klassische Schwarzwälder Kirsch-, Himbeer-Quark- oder Mandarinen-Schmand-Torte – für jeden Geschmack ist etwas geboten. Auch die Blechkuchen sind sehr zu empfehlen. Die Tortenböden werden täglich frisch und mit viel Liebe gebacken und sind unglaublich fluffig, besonders der Biskuitboden. Das Abendbrot können Sie hinterher getrost ausfallen lassen.

Draußen sitzen Sie im gemütlichen Strandkorb mit Blick auf die Felder und können den Kindern beim Herumtollen im garteneigenen Spielplatz zuschauen, während Sie Ihre riesigen Torten- oder Kuchenstücke verzehren. Gestatten die Temperaturen es einmal nicht oder ist der Sommer schon vorbei, können Sie es sich im Inneren des Cafés gemütlich machen. Fürstlich an der langen gedeckten Tafel oder eher privat an einem Zweiertisch. Omas altes Buffet sorgt für eine heimelige Atmosphäre. Da fühlt man sich fast wie zu Hause. Und im Winter, wenn es draußen stürmt und schneit, lodert im Kaminofen ein knisterndes Feuer. Da schmecken Sauerkirsch-Marzipan-Torte und Kakao noch einmal so gut, oder?

✍ Mein Favorit ist die nach altem Familienrezept gebackene Hoftorte mit Eierlikör.

FLORA CAFÉ /// ALTJELLINGSDORF 1 /// 23769 ALTJELLINGSDORF ///
0 43 71 / 87 92 14 /// WWW.FLORA-CAFE-FEHMARN.DE ///

ZWISCHEN SANDDORNTORTE
UND HANDTASCHEN

Flora Café, Altjellingsdorf

83

Nur einen Kilometer von Landkirchen entfernt, Richtung Petersdorf, liegt der Ort Altjellingsdorf. Gleich nach dem Abbiegen von der Landstraße befindet sich links der Hof von Ute Maaß. Hier, in einem restaurierten Pferdestall, betreibt sie ihr beschauliches Landcafé mit großer Sonnenterrasse.

»Flora Café«, steht in großen Lettern über dem Eingangsbereich. Innen empfangen rustikale Holzbalken den Gast, die Ute Maaß eigenhändig aufwendig restauriert hat. Alte Holzspeichenräder hängen dekorativ unter der Decke. Darunter stehen etwa 20 Tische, die mit gepolsterten Landhausstühlen zum Verweilen einladen. An den Balken und Wänden hängen, sehr zu meiner Freude, Handtaschen in allen Farben und Formen. Ich nehme eine blaue, große in die Hand, da lacht mich eine kleine, schwarze Tasche an. Doch bevor ich mich zu sehr verliere, fällt mir gerade noch ein, weshalb ich eigentlich hier bin: die einladende Kuchentheke mit der großen Auswahl.

Mein Blick fällt auf eine leuchtend orangefarbene Sanddorntorte mit Nussboden. Was soll ich Ihnen sagen – nicht nur optisch, auch geschmacklich ist sie ein Gedicht! Vielleicht gönne ich mir hinterher noch eines der großzügig geschnittenen Stücke von einer der anderen Torten oder vom Kuchen. Auch gluten- und laktosefreie Sorten sind darunter. Aber erst einmal bestelle ich mir einen Tee. Neun verschiedene Sorten stehen zur Auswahl. Süßes zum Mitnehmen finden Sie in hübschen Gläsern, aufgereiht in einem Regal an der Wand. Aus verschiedenen Sorten selbst gemachter Marmelade und Gelees können Sie wählen.

Es ist wirklich heimelig, dieses Café im Grünen. Bei meinem nächsten Besuch werde ich dann eine selbst gemachte Quiche probieren, denn auch Herzhaftes wird im *Flora Café* angeboten.

🖎 Kuchen einmal anders: Wer keinen Appetit auf Süßes hat, sollte unbedingt den überaus leckeren Gemüsekuchen probieren.

ZUM FLUGHAFEN FEHMARN-AIR MIT DEM FLATTERNDEN WINDSACK
FAHREN SIE AUS RICHTUNG LANDKIRCHEN KOMMEND
DIE HAUPTSTRASSE ENTLANG BIS ABBIEGER ALTJELLINGSDORF.
VON DA AUS RICHTUNG 23769 NEUJELLINGSDORF.
AUF HALBER STRECKE LIEGT FEHMARN-AIR AUF DER LINKEN SEITE.

0 43 71 / 91 00 ODER 01 71 / 9 91 09 31 /// WWW.FEHMARN-AIR.DE ///

STRANDKORBTERMINAL
MIT FAMILIENANSCHLUSS

Flughafen Fehmarn-Air, Neujellingsdorf

84

Zwischen den Orten Alt- und Neujellingsdorf liegt der Flugplatz von Klaus Skerra. Über den Wolken ist die Freiheit grenzenlos. Dies zumindest verspricht ein Flug mit dem Eigner oder seinen Kindern Nicole und Frank in der familieneigenen Cessna.

Wenn Sie am Flugplatz Fehmarn Air ankommen, erwartet Sie kein großes geteertes Flugfeld. Nein, Sie stehen mitten auf einem Feld und überlegen wahrscheinlich erst einmal, ob Sie überhaupt am richtigen Ort sind. Ja, sind Sie. Sie werden noch erstaunter sein, wenn Sie erfahren, dass der Tower sich als kleiner gemütlicher Wohnwagen entpuppt, der während der Mittagszeit dem Piloten für ein Mittagsschläfchen zur Verfügung steht. Bei Sonnenschein befindet sich der Tower sogar in einem Strandkorb. Von hier aus wird gefunkt, und auch der Preis für den Flug über die Insel wird hier beglichen. Natürlich in bar.

Haben Sie einen freien Platz in der Maschine ergattert, verschließt der Flugkapitän, Vater oder Kinder Skerra, persönlich die Tür hinter seinen Gästen. Dann schwingt er sich gut gelaunt hinter das Steuer und startet die Maschine. Rollt über die kürzeste Startbahn, die ich je gesehen habe. Frisch gemähtes Feld. Einmalig! Beim ersten Mal kann einem bei diesem Anblick schon ein wenig mulmig in der Magengegend werden. Aber die Skerras verstehen es, ihren Fluggästen mit einem lockeren Spruch auf den Lippen die Angst zu nehmen. Das mulmige Gefühl weicht Begeisterung. Aus der Vogelperspektive entdecken Sie das Eiland aus einer völlig neuen Perspektive. Diese Sicht auf Fehmarn ist so besonders und faszinierend, dass Sie mit Sicherheit nicht nur einmal mit Fehmarn-Air in die Luft gehen werden.

✎   Vergessen Sie die Kamera nicht. In luftiger Höhe können Sie geniale Bilder schießen.

EINE VERWUNSCHENE ECKE VOR DEM LANDHAUSRESTAURANT
MARGARETENHOF /// DORFSTRASSE 7 /// 23769 NEUJELLINGSDORF ///
0 43 71 / 8 76 70 /// WWW.RESTAURANT-MARGARETENHOF.COM ///

Es gibt viele Gasthäuser auf der Insel, doch dieses gehört zur Spitzenklasse. Umrahmt von alten Bäumen liegt das Landhausrestaurant Margaretenhof an der Dorfstraße in Neujellingsdorf. Beim Eintreten spürt man sofort die Gastlichkeit und Gemütlichkeit, die dieses Restaurant ausmachen. Das gemütliche Bauernhaus wurde 1810 gebaut und wird seit 1972 als Gastwirtschaft betrieben.

Im Inneren des Hauses gibt es viel zu entdecken. Fünf kleine Räume mit Wohlfühlatmosphäre, hier nehme ich gerne Platz. Wunderschön gestaltete Arrangements auf den Fensterbänken, dezentes Licht und bäuerliche Tischdekoration runden das Bild ab. Das Beste am Margaretenhof ist aber natürlich das Essen. Die Speisekarte erinnert eher an ein Gourmet- als an ein Landhausrestaurant. Und das zu moderaten Preisen. Riesengarnelen im Tempurateig oder Zanderfilet mit Rotkohl-Paranuss-Kruste? Bereits beim Lesen läuft mir das Wasser im Mund zusammen. Christine und Sascha Dietrich setzen die Verbindung von moderner deutscher Küche mit asiatischen Gewürzen und Besonderheiten gekonnt um. Man spürt, mit wie viel Liebe und Professionalität Sascha Dietrich kocht. Seine Frau kümmert sich währenddessen mit Herz um die Gäste.

Wer nicht auswärts essen möchte, aber trotzdem nicht auf das gute Essen des Margaretenhof verzichten will, der kann sich mit dem »Ententaxi« eine knusprige Ente mit Beilagen nach Hause liefern lassen. Und auch sonst bietet das Landhausrestaurant jede Menge Highlights, die es zu etwas Besonderem machen. Ein Candle-Light-Dinner zum Valentinstag zum Beispiel oder eine Sushi-Night mit einer großen Auswahl an Inside-Out-Rolls, bei denen sich außen Reis statt des Algenblattes befindet. Egal, was Sie sich schmecken lassen, es wird ein Genuss!

✎   Meine Lieblingsvorspeise ist Pork Belly: geschmorter Schweinebauch mit asiatischer Barbecuemarinade. Und als Nachspeise gönne ich mir Schokoladenküchlein mit Schoko-Ingwer-Soße. Da braucht es fast kein Hauptgericht.

ST.-JOHANNIS-KIRCHE /// AN DER KIRCHE 4 /// 23769 PETERSDORF ///
0 43 71 / 2 09 /// WWW.KIRCHE-PETERSDORF.DE ///

DIE HÖCHSTE KIRCHE DER INSEL
St.-Johannis-Kirche, Petersdorf

86

Sie liegt im Ortskern und ist schon von Weitem gut zu erkennen: die St.-Johannis-Kirche in Petersdorf. Das in der ersten Hälfte des 13. Jahrhunderts erbaute frühgotische Gotteshaus strahlt auf mich eine unglaubliche Ruhe aus. Ich komme gerne hierher, um für eine kurze Zeit aus dem Alltag auszubrechen und die Gedanken schweifen zu lassen.

Im 13. Jahrhundert wurde die Kirche zweischiffig im spätromantischen Stil erbaut, später wurden dann das Südschiff und der Chorraum ergänzt. Lange Zeit diente sie Seefahrern mit ihrem über 60 Meter hohen, von der Ostsee aus gut sichtbaren Turm aus Granitstein als Tageslandmarke, anhand derer sie ihre Schiffe sicher durch Belt und Sund steuerten. Sie wird eingerahmt vom Friedhof, der wiederum von einem aus Feldsteinen erbauten Wall umgeben ist. Einige Linden wurden schützend im Kreis um Kirche und Friedhof gepflanzt – 64 an der Zahl, zur Erinnerung an den Deutsch-Dänischen Krieg im Jahr 1864.

Auch das Innere von St. Johannis ist äußerst sehenswert. Allen voran die Epitaphe aus dem 16. bis 18. Jahrhundert und eine mit vielen Schnitzereien verzierte Kanzel aus der Reformationszeit. Auch der Dreiflügelaltar, der Maria und die zwölf Apostel darstellt, zieht den Betrachter in seinen Bann. Das hölzerne Sakramentshaus aus dem 15. Jahrhundert ist mit seinen 8,70 Metern das zweithöchste seiner Art in Norddeutschland. Beeindruckend ist auch das aus Gotland stammende, optisch an einen Pokal erinnernde Taufbecken aus dem 13. Jahrhundert. Der zugehörige Taufdeckel wurde im Jahr 1779 gestiftet. Gerade will ich die Kirche verlassen, da fällt mir wieder einmal die Marcussen-Orgel mit ihren 33 Registern ins Auge. Wenn man Glück hat, kann man während seines Besuchs von St. Johannis ihren wunderschönen Klängen lauschen. Und tatsächlich, gerade ertönen die ersten Klänge …

✎ Sehenswert ist auch der Ortskern von Petersdorf mit dem Petersdorfer Teich, um den jedes Jahr zur Rapsblüte das beliebte Rapsblütenfest mit Livemusik und Feuerwerk stattfindet.

DER GALGENBERG DÄNSCHENDORF BEFINDET SICH 500 METER NORDÖSTLICH VON PETERSDORF KOMMEND AUF DER RECHTEN SEITE AN DER STRASSE NACH 23769 DÄNSCHENDORF, NEBEN DEM TEICH RATSSOLL.

WAS ZUM HENKER ...
Galgenberg Dänschendorf

87

500 Meter nordöstlich des Dorfes Petersdorf an der Straße nach Dänschendorf befindet sich der künstlich aufgeschüttete Galgenberg, um den sich viele Sagen und Geschichten ranken und von dem Schauerliches überliefert ist. Direkt neben dem Ratssoll, einem fast runden Teich, und umgeben von Steinen und Bäumen wirkt er auf mich eher wie ein besinnlicher Ort und nicht wie ein furchteinflößender Platz. Im Sonnenschein ist es hier einfach nur idyllisch. Nichts erinnert an die Gräueltaten, die hier vor vielen hundert Jahren stattgefunden haben.

Die Germanen nutzten diese Stelle als sogenannte Thingstätte, hier wurden also Gerichtsversammlungen nach altem germanischem Recht abgehalten. Ob dabei Menschen hingerichtet wurden, ist nicht bekannt. Um 1100 errichteten Slawen eine Opfer- und Kultstätte an diesem Ort. Man traf sich, beratschlagte und erzählte sich Neuigkeiten. Auch dies klingt noch harmlos.

Anders zu Zeiten von Dänenkönig Erik VII. Dieser nutzte den Galgenberg oft als Hinrichtungsplatz. Insgesamt ermordete er zwei Drittel aller Bewohner der Insel, wie viele genau auf dem Galgenberg ist nicht bekannt. In jedem Fall eine unfassbare Gnadenlosigkeit. Aber das war noch nicht alles am Galgenberg. Seine schauerliche Vergangenheit geht noch weiter. Denn im 17. Jahrhundert, zur Zeit der Hexenverfolgung, wurden an diesem eigentlich schönen Ort etliche Urteile gegen sogenannte Hexen vollstreckt. Wenn ich darüber nachdenke, wirkt der Platz fast ein wenig unheimlich. Dennoch bin ich gerne hier, da es ein sehr geschichtsreicher Ort ist.

Übrigens hängte man Verurteilte nicht am Galgenberg, wie es der Name vermuten lässt, sondern köpfte sie. Beides gleichermaßen grauenvoll.

✍ Schauen Sie sich die reetgedeckte Windmühle *Flinke Laura* an, die sich am Rande von Dänschendorf (Mühlenweg) in Privatbesitz befindet. Wunderschönes Fotomotiv. Kann als Feriendomizil gemietet werden. www.vocastim.de/flinklaura

DER TEICH RATSSOLL BEFINDET SICH 500 METER NORDÖSTLICH VON
PETERSDORF AN DER RECHTEN SEITE DER STRASSE NACH
23769 DÄNSCHENDORF, NEBEN DEM GALGENBERG

EISZEITTEICH
Teich Ratssoll, Dänschendorf

88

Idyllisch liegt er da, der Ratssoll, der fast runde Teich, von hohen Bäumen umgeben. Kaum zu glauben, dass er sich unweit von einer viel befahrenen Straße befinden soll. Seit ich eines Tages mein Fahrrad bei einer meiner Radtouren abgestellt und mich zu Fuß auf die Suche nach diesem besonderen Gewässer gemacht habe, ist es einer meiner Lieblingsplätze. Denn der Ratssoll hat mich einfach verzaubert.

Was ihn so außergewöhnlich macht, ist die Tatsache, dass er im Gegensatz zu den vielen anderen Teichen der Insel nicht künstlich angelegt wurde, sondern sich auf natürliche Weise während der letzten Kaltzeit (Glazial) entwickelte. Entstanden ist der Soll, wie der Teich aufgrund seiner Entstehung fachsprachlich genannt wird, durch angehäuftes Toteis, also nicht mehr mit dem Gletscher verbundene Eisstücke. Als das Eis schließlich taute, brach die Erde darüber ein, und übrig blieb, wie schön, ein Tümpel als einzigartiges Relikt dieser Zeit. Ein See mit essenzieller Bedeutung.

Denn dieses Gewässer war und ist für die Menschen im westlichen Teil der Insel als Wasseranlaufstelle überaus wichtig. Malerisch sieht er aus, und es ist faszinierend, wenn man bedenkt, wie vielen Bewohnern des Inselwestens er früher lebenswichtiges Wasser gespendet hat. Heute hat der Ratssoll keine derartige Funktion mehr. Regional wird übrigens jeder See als »Soll« bezeichnet, doch nur dieser hier trägt den Namen auch nach den Maßstäben der Gletscherkunde. Wundern Sie sich also nicht, wenn anderswo von »Soll« die Rede ist. Damit ist einer der zahlreichen Teiche und Tümpel gemeint, die künstlich erschaffen wurden und heute als Futtertränken und Feuerlöschteiche dienen. Kein Vergleich zum malerischen Ruheort, dem Ratssoll.

Besuchen Sie den Kriegssoll. Die Gedenkstätte im Nordosten von Landkirchen – nahe der Landstraße nach Burg, erreichbar über einen beschilderten Wanderweg – erinnert an eine Schlacht auf Fehmarn im Jahr 1644.

LIEBLINGSPLÄTZE
Alle Bücher auf einen Blick ...

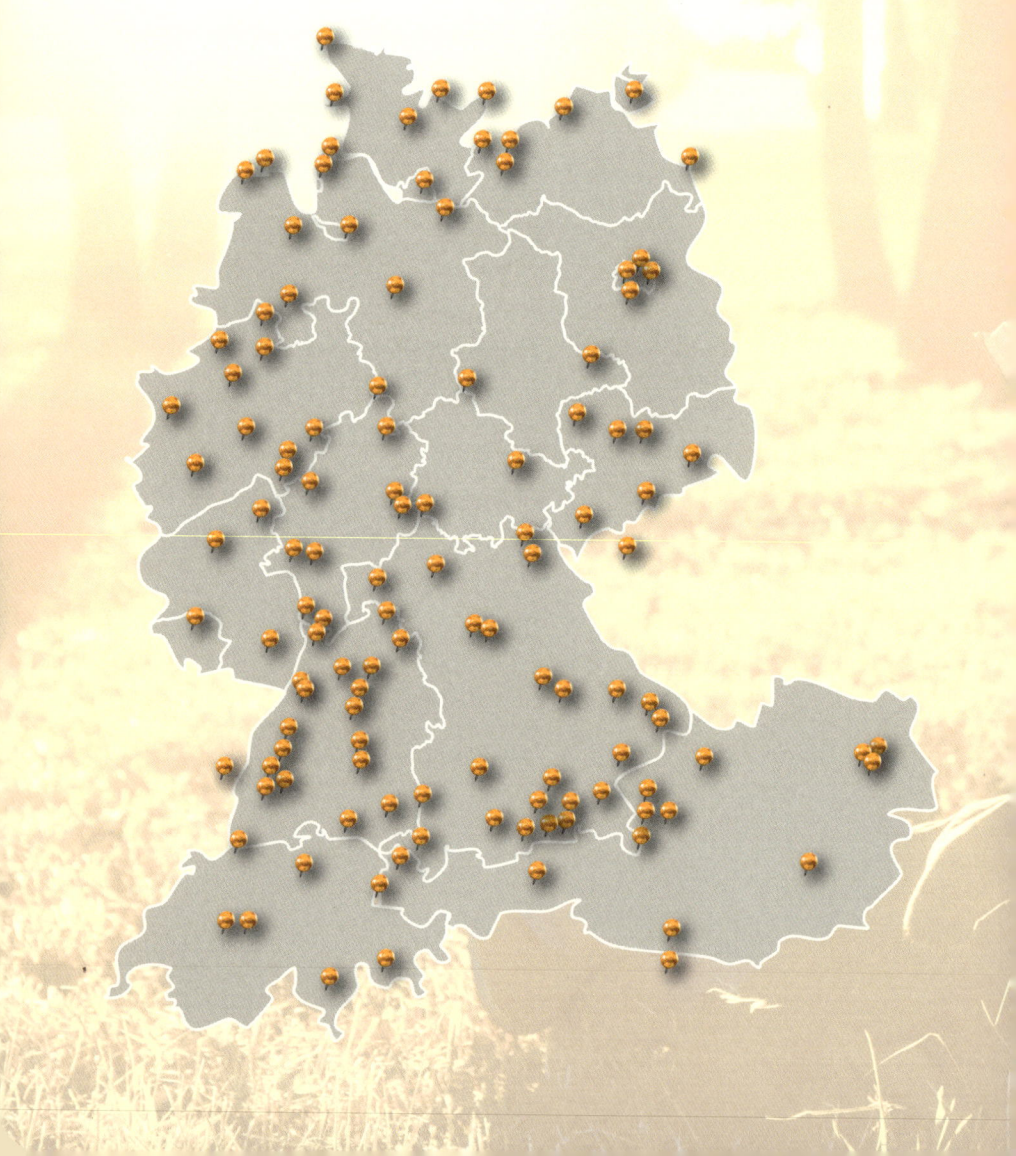

... und in Ihrer Region

► **NORDDEUTSCHLAND**

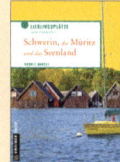
Bartel,
Schwerin, die Mür..
978-3-8392-2285-0

Beckmann / Ueck...,
Cuxland
978-3-8392-2195-2

Beyer,
Emsland und die ...
978-3-8392-2101-3

Bührig,
In und um Lübeck
978-3-8392-1154-0

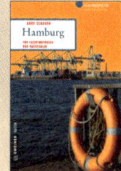
Clausen,
Hamburg
978-3-8392-1170-0

Diers,
Ostfriesland ...
978-3-8392-1901-0

Diers,
Weserbergland
978-3-8392-2090-0

von Fircks,
Ostseeküste Meckl..
978-3-8392-2245-4

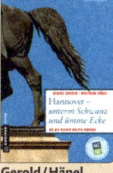
Gerold / Hänel,
Hannover ...
978-3-8392-1705-4

Grundmann,
Ostsee Küsten...
978-3-8392-2380-2

Lark,
Kiel: Stadt, Land, ...
978-3-8392-1784-9

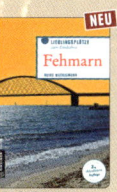
Meckelmann,
Fehmarn
978-3-8392-2002-3

Meierewert,
Rügen, Hiddensee ...
978-3-8392-2359-8

Pautz,
Usedom
978-3-8392-2409-0

Pajonk,
Rund um Berlin
978-3-8392-1984-3

Pelte,
Zwischen Nord- ...
978-3-8392-1160-1

Pelte / Reidt /...,
Das Beste aus ...
978-3-8392-2196-9

Rai,
Berlin rund um ...
978-3-8392-1708-5

Rai,
Berlin 24/7
978-3-8392-1788-7

Ranf,
Lüneburg und ...
978-3-8392-1987-4

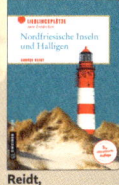
Reidt,
Nordfriesische ...
978-3-8392-2088-7

Reidt,
Sylt
978-3-8392-2003-0

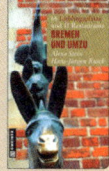
Rusch / Stein,
Bremen und umzu
978-3-8392-1253-0

Thömmes,
So braut Deutsch...
978-3-8392-1873-0

Ueckert / Ber...,
Oldenburger Land ...
978-3-8392-1557-9

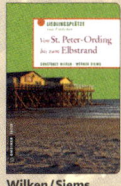
Wilken / Siems,
Von St. Peter-Or...
978-3-8392-2187-7

GMEINER KULTUR

WWW.GMEINER-VERLAG.DE
Mensch, Kultur, Region

KRIMINALROMANE
aus Ihrer Region

Meckelmann,
Küstenschrei
978-3-8392-1851-8

Meckelmann,
Küstenschatten
978-3-8392-2036-8

Meckelmann,
Küstendämon
978-3-8392-2230-0

Meckelmann,
Küstenwolf
978-3-8392-2403-8

GMEINER SPANNUNG

WWW.GMEINER-VERLAG.D
Wir machen's spannen